Luca Franceschini

Esperienze di dialogo in terra apuana

Luca Franceschini

Esperienze di dialogo in terra apuana

ecumenismo e dialogo interreligioso a Massa Carrara dopo il Concilio Vaticano II

Edizioni Sant'Antonio

Imprint
Any brand names and product names mentioned in this book are subject to trademark, brand or patent protection and are trademarks or registered trademarks of their respective holders. The use of brand names, product names, common names, trade names, product descriptions etc. even without a particular marking in this work is in no way to be construed to mean that such names may be regarded as unrestricted in respect of trademark and brand protection legislation and could thus be used by anyone.

Cover image: Fornito dall'autore

Publisher:
Edizioni Accademiche Italiane
is a trademark of
International Book Market Service Ltd., member of OmniScriptum Publishing Group
17 Meldrum Street, Beau Bassin 71504, Mauritius

Printed at: see last page
ISBN: 978-613-8-39208-8

INDICE

PREFAZIONE

Bisogna essere grati a don Luca per aver affrontato la ricostruzione di un percorso di storia così recente e allo stesso tempo così intenso da costituire un vero e proprio cambio di velocità nei tempi millenari della storia della chiesa.

Il lavoro di don Luca fornisce, con un linguaggio scorrevole e sereno, un modello per le nostre chiese locali. Come da anni raccomanda Riccardo Burigana direttore del Centro Studi per l'Ecumenismo in Italia, è importante e urgente raccogliere documentazione in modo che non vada perduta la memoria dei tanti piccoli passi che, grazie al contributo tenace e appassionato di singole persone, le nostre chiese locali hanno compiuto dopo il Concilio Vaticano II.

Il racconto si snoda tra passaggi più dichiaratamente personali e resoconti di eventi più generali a testimoniare come le storie (con la s minuscola) inevitabilmente si intrecciano con la Storia (con la S maiuscola) e anzi la nutrono e la compongono in un Mosaico in cui, certe volte invisibile pure agli occhi dei credenti, opera anche la mano di Dio.

Possiamo leggere tra le righe lo sforzo di prendere sul serio ciò che lo Spirito dice alle chiese oggi e lasciarci trasportare verso prospettive luminose che non negano le difficoltà tuttora presenti, e anche altre che magari si presenteranno in futuro, ma che sono fondate su fatti avvenuti, relazioni strette, consonanze raggiunte. Le domande che rimangono aperte come quella che don Luca ricorda quasi al termine del suo testo - *Potranno un giorno i nostri templi diversi, le nostre diverse tradizioni essere accolte con gioia come un dono di reciproca ricchezza e non come una sfida?* - allora come ora non sono poste per scoraggiare o per rimandare a un tempo escatologico ma per alimentare e dare contenuto al "programma di viaggio" di chi comunque è in cammino.

Mi piace sottolineare un'altra citazione scelta da don Luca (tratta da una lettera del Cardinale Myroslav Ivan Ljubačivskyj) che sta sulla stessa lunghezza d'onda: "i muri che ci dividono non sono alti fino al cielo".

Dalle pagine dedicate ai rapporti con l'Ortodossia o più in generale alla spiritualità orientale traspare un coinvolgimento che va anche oltre la volontà di dialogo e di incontro. Per noi amici che hanno seguito il cammino di don Luca, sia pure, come me, da lontano, è stata evidente anche una sua progressiva trasformazione fisica che ha accompagnato l'approfondimento della conoscenza, dello studio e della passione per l'intero mondo culturale dell'Oriente europeo. Al tempo in cui condividevamo un bel periodo di collaborazione tra delegati diocesani per l'ecumenismo animato dalla figura carismatica di mons. Alberto Ablondi, scherzando dicevamo che don Luca andava via via sempre più assomigliando a un pope.

E' questo, peraltro, un segno molto bello di immersione totale in una scelta senza più riserve, mi evoca la parabola rabbinica su come vanno raccontate le storie citata anche da Martin Buber.

«Mio nonno era paralitico – racconta un rabbi il cui nonno era stato discepolo del rabbi Baalshem –. Una volta gli chiesero di raccontare una storia sul suo maestro. Allora raccontò come il santo Baalshem solesse saltellare e danzare mentre pregava. Mio nonno si alzò e raccontò, e il racconto lo trasportò tanto da aver bisogno di mostrare, saltellando e danzando, come facesse il maestro».

I miracoli dell'autentico coinvolgimento!

Molto interessante e direi singolare in Italia è l'esperienza di don Luca con i cattolici di rito orientale, un ambito delicato che tocca comunità particolarmente vulnerabili.

La diffusione anche in Italia della consapevolezza che nella Chiesa cattolica sono presenti diversi riti è un'altra delle urgenze del nostro tempo, posta dalla globalizzazione ma anche dall'immigrazione. Trovo importante la sottolineatura che religiosi e fedeli provenienti dagli altri riti siano incoraggiati a mantenere viva la propria tradizione, molte delle suore indiane presenti da noi, ad esempio, in genere tacciono la loro provenienza dal rito siro-malabarico e ciò che potrebbe essere una ricchezza e una apertura sulla diversità che non costituisce divisione, resta nascosto.

Gli accenni, poi, al dialogo con gli ebrei e a quello con i musulmani sono altri passaggi significativi e sostanziali per il dialogo intercristiano, come viene sottolineato nel testo; il primo rappresenta la nostra comune ricerca delle radici, il secondo è necessariamente il nostro futuro, non a caso nel testo vengono riferiti incontri a livello giovanile e credo sia nell'esperienza di tutti in questo campo che – come ricorda don Luca - "quando partecipiamo ad un incontro interreligioso sentiamo di poterci presentare uniti come Cristiani di confessioni diverse uniti dalla stessa fede".

Mi piace concludere con qualche citazione da una favola diventata ormai per tanti versi iconica di quanti, di ogni età, continuano a immaginare che un altro mondo sia possibile. L'abbiamo utilizzata anche in diocesi di Pisa per un laboratorio di pastorale giovanile congiunta tra cattolici e valdesi grazie alla presenza del giovane pastore Stefano Giannatempo che aveva da poco (2015) pubblicato per la Claudiana "Il Vangelo secondo il piccolo principe":

"Non si conoscono che le cose che si addomesticano", disse la volpe." gli uomini non hanno più tempo per conoscere nulla. Comprano dai mercanti le cose già fatte. Ma siccome non esistono mercanti di amici, gli uomini non hanno più amici. Se tu vuoi un amico addomesticami!"

"Che bisogna fare?" domandò il piccolo principe.

" Bisogna essere molto pazienti", rispose la volpe.

" In principio tu ti sederai un po' lontano da me, così, nell'erba.

Io ti guarderò con la coda dell'occhio e tu non dirai nulla. Le parole sono una fonte di malintesi.

Ma ogni giorno tu potrai sederti un po' più vicino..."

Ecco, fare memoria di tutte le volte che siamo riusciti a sederci un po' più vicino: forse è davvero arrivato il momento di mettere mano a questa impresa. Costituire un archivio non per riporre le esperienze fatte ma per farne tesoro e soprattutto promuoverne la continuità.

Il piccolo principe ritornò l'indomani." Sarebbe stato meglio ritornare alla stessa ora", disse la volpe." Se tu vieni, per esempio, tutti i pomeriggi, alle quattro, dalle tre io comincerò ad essere felice. Col passare dell'ora aumenterà la mia felicità. Quando saranno le quattro, incomincerò ad agitarmi e ad inquietarmi; scoprirò il prezzo della felicità! Ma se tu vieni non si sa quando, io non saprò mai a che ora prepararmi il cuore...Ci vogliono i riti".

La dimensione della preghiera è senza dubbio quella più rilevante in ogni dialogo della Fede ma perfino sui modi, i tempi e le forme della preghiera, le diverse confessioni cristiane si differenziano e qualche volta, per quanto possa essere paradossale, si dividono. Questa riflessione torna sempre alla ribalta ogni anno per la Settimana di preghiera per l'Unità dei Cristiani. I "riti" sono importanti ma gli schemi degli incontri ecumenici di preghiera spesso, a forza di compromessi, tagli e limature, alla fine risultano estranei a tutte le tradizioni e generano sempre un po' di imbarazzo, non si sa quando alzarsi, quando sedersi, con quali formule terminare la proclamazione della Parola di Dio o le preghiere spontanee o quali paramenti chiedere ai pastori... Ancora balbettiamo, però, testardamente, anno dopo anno, riproviamo, per poter essere in piena comunione con Gesù nel quale già siamo "una cosa sola".

"Che cos'è un rito?" disse il piccolo principe." Anche questa è una cosa da tempo dimenticata", disse la volpe. "E' quello che fa un giorno diverso dagli altri giorni, un'ora dalle altre ore.

Con questa sorta di liturgia delle ore possiamo scandire i nostri passi e, per riprendere la bellissima meditazione sui discepoli di Emmaus di p. Eftimios riportata nel testo a proposito della Settimana di preghiera per l'Unità dei Cristiani 1991, continuare a ripeterci a vicenda le parole del Vangelo (Lc 24,15-16): "*Mentre discorrevano e discutevano insieme, Gesù in persona si accostò e camminava con loro". È* vero che *"i loro occhi erano incapaci di riconoscerlo"* ma camminavano insieme e cercavano insieme di capire. Questa è anche la nostra condizione fino a quando non riusciremo più a fare a meno gli uni degli altri, fino a quando ci renderemo conto di essere indispensabili gli uni agli altri e allora l'Unità sarà finalmente visibile anche agli occhi.

Silvia Nannipieri

Silvia Nannipieri
Incaricato Regionale per
l'ecumenismo
e il dialogo interreligioso della
Conferenza Episcopale Toscana

Pisa, 25 gennaio 2019
Festa della Conversione di San Paolo
Ultimo giorno della Settimana
di preghiera per l'unità dei cristiani

INTRODUZIONE

Esperienza personale

> *Promuovere il ristabilimento dell'unità fra tutti i cristiani è uno dei principali intenti del sacro Concilio ecumenico Vaticano II. Da Cristo Signore la Chiesa è stata fondata una e unica, eppure molte comunioni cristiane propongono se stesse agli uomini come la vera eredità di Gesù Cristo. Tutti invero asseriscono di essere discepoli del Signore, ma hanno opinioni diverse e camminano per vie diverse, come se Cristo stesso fosse diviso. Tale divisione non solo si oppone apertamente alla volontà di Cristo, ma è anche di scandalo al mondo e danneggia la più santa delle cause: la predicazione del Vangelo ad ogni creatura. (UR 1)*

Arrivai in seminario a metà degli anni '80 che di ecumenismo non sapevo quasi nulla né mi era capitato di incontrare fedeli di altre religioni o di altre confessioni cristiane. Già mi sembrava arduo pensare di fare il prete; mai avrei immaginato di dedicarmi ad un impegno tanto elevato quanto ampio nei suoi risvolti umani, storici, teologici e spirituali. Ho detto *quasi nulla* perché a dire il vero avevo ricevuto alcuni input di non poco spessore da un grande pastore ecumenico che era stato il mio Arcivescovo quando abitavo a Lucca: Mons. Giuliano Agresti[1]. Non lo conoscevo personalmente ma per sentirmi ancora lucchese leggevo il giornale della Diocesi; evidentemente le sue riflessioni non furono senza frutti nel mio animo.

Per innescare una passione bastarono pochi ingredienti: la lettura di un articolo sulla Liturgia orientale, l'ascolto di una cassetta di canti liturgici

---

[1] S.E.R. MONS. GIULIANO AGRESTI, (1921-1990). Arcivescovo di Spoleto dal 1969 poi Arcivescovo di Lucca dal 1973 fino alla morte. Fu studioso di ecumenismo e appassionato sostenitore del dialogo per l'unità dei cristiani. Negli anni '80 fu Presidente della Commissione nazionale per l'ecumenismo e il dialogo interreligioso della CEI.

bizantino-slavi, la lettura della vita della Beata Maria Gabriella Sagheddu[2]. Per coltivarla nella sua fase iniziale ebbi un maestro che seppe darmi fiducia e incoraggiarmi, Mons. Corrado Giorgetti[3] mio professore in seminario; tra l'altro proveniva dal mio stesso comune per cui sin da bambino avevo sentito parlare di lui. Non solo mi incoraggiò ma nel tempo mi coinvolse fino ad inserirmi nella commissione diocesana e poi indicandomi come suo successore nell'incarico diocesano di delegato per l'ecumenismo e il dialogo.

Nei sacerdoti più anziani l'eco dei giorni del Concilio Vaticano II era ancora molto vivo e anche in un uomo un po' all'antica che aveva compiuto i suoi studi prima del Concilio quale Mons. Giorgetti, non mancavano aspirazioni elevate, ideali, intense, ricche di una speranza palpabile, quasi dovessero avverarsi da un momento all'altro anche se in realtà nulla ne faceva percepire una conclusione immediata. Sicuramente nel mio insegnante era forte l'idea che l'ecumenismo cominciasse dal mondo anglicano il che mi fece conoscere inizialmente il mondo più occidentale dei fratelli separati.

---

[2] BEATA MARIA GABRIELLA SAGHEDDU, (1914-1939). Nacque a Dorgali, in Sardegna, da una famiglia di pastori e sin da ragazza fece parte dell'Azione Cattolica finché entrò tra le Trappiste di Grottaferrata presso Roma. La sua vita religiosa durò soltanto poco più di tre anni che Gabriella offrì per l'unità dei cristiani. La badessa su sollecitazione del sacerdote francese Paul Couturier, uno dei primi alfieri dell'ecumenismo, presentò alle monache una richiesta di preghiere e offerte perché il desiderio di Gesù «che siano una sola cosa» si avverasse. Gabriella vi si spese con tutta la sua esistenza. Giovanni Paolo II l'ha beatificata nel 1983, alla fine dell'ottavario per l'unità dei cristiani.

[3] MONS. CORRADO GIORGETTI, (1921-2013). Presbitero della Diocesi di Massa Carrara – Pontremoli, laureato in Teologia con una tesi su Niceta di Maronea che lo aveva portato in Grecia e appassionato al dialogo ecumenico; è stato docente di Teologia presso il Seminario Maggiore di Massa e per molti anni Delegato per l'ecumenismo e il dialogo interreligioso della stessa Diocesi.

In quegli anni non mancarono provocazioni forti. Nell'ottobre del 1986 ad Assisi per la prima volta si incontrarono i rappresentanti non solo delle confessioni cristiane ma di tutte le religioni; per contro si consumava non molto tempo dopo, nel giugno 1988, lo scisma di Lefebvre che evidenziava aspetti su cui non era possibile non fermarsi a riflettere per capire cosa stesse accadendo.

Per la mia esperienza personale risultarono tuttavia sicuramente di grande impatto le celebrazioni, sempre nel 1988 del millenario del battesimo della Rus' di Kiev, la conferenza del Padre Stefano Caprio[4] che mi fece conoscere aspetti fino ad allora sconosciuti della spiritualità russa e, da ultimo nel 1990, l'incontro con il Padre Gabriel Bunge[5] con la sua meditata conoscenza del mondo orientale e spirituale della Russia cristiana, dei padri del deserto ed in particolare dei monaci siri.

Ormai la mia "orientazione" ecumenica era avvenuta finché, sempre attraverso Padre Gabriel, conobbi l'associazione Russia Cristiana[6]

---

[4] PADRE STEFANO CAPRIO, (Milano 1960). Ordinato sacerdote in rito bizantino-slavo nel 1985, ha conseguito la licenza in Scienze Ecclesiastiche Orientali presso il Pontificio Istituto Orientale. Dal 1989 ha svolto la sua attività in Russia, prima come cappellano presso l'Ambasciata d'Italia a Mosca e, dal novembre 1991, come fondatore dell'Istituto di Teologia per Laici "San Tommaso D'Aquino" di Mosca, dove ha insegnato Patrologia e Teologia dogmatica.

[5] PADRE GABRIEL BUNGE, (Colonia 1940). Figlio di padre luterano e madre cattolica è stato allievo di Joseph Ratzinger. A 22 anni è entrato nel monastero di Chevetogne, in Belgio, diventando monaco benedettino e sacerdote, con una formazione ispirata alla tradizione orientale. Dottore in filosofia e patrologo, è specialista di Evagrio Pontico. A partire dal 1980 vive in un eremo in Svizzera presso lo skit della Santa Croce.

[6] RUSSIA CRISTIANA è stata fondata nel 1957 da padre Romano Scalfi (1923-2016) allo scopo di far conoscere in Occidente le ricchezze della tradizione spirituale, culturale e liturgica dell'ortodossia russa; di favorire il dialogo ecumenico attraverso il contatto fra esperienze vive; di contribuire alla presenza cristiana in Russia. Questi obiettivi sono stati perseguiti con strumenti diversi durante il regime sovietico, durante la perestrojka, e nel nuovo contesto sociale ed economico del post comunismo, segnato dai postumi dell'ateismo militante e dalle forti suggestioni del consumismo. Negli anni Russia Cristiana si è configurata secondo i diversi ambiti: dal punto di vista ecclesiale è un'Associazione pubblica di fedeli; per l'attività culturale e

attraverso la quale l'opera fu completata: l'*Orientale Lumen* non era più una passione personale ma un preciso impegno spirituale ed ecclesiale che mi avrebbe accompagnato in tutta la mia vita di prete e nel mio impegno ecumenico e di dialogo interreligioso.

Come insegnava il Concilio la riunificazione dei cristiani divisi risultava una priorità pastorale e spirituale più importante ed urgente di quanto non apparisse.

In effetti l'ecumenismo non emergeva a Massa come una priorità; sembrava anzi una questione marginale visto che di comunità cristiane non cattoliche ce n'erano poche e non creavano problema, mentre di fedeli di altre religioni sembrava quasi non ve ne fossero in quegli anni al punto che, se si voleva combinare qualcosa di ecumenico o interreligioso, bisognava inventarselo e andare a cercare qualcuno da fuori che venisse a raccontare e a far conoscere la propria realtà religiosa e spirituale.

Eppure debbo riconoscere che niente è stato più stimolante per la mia formazione questo guardare oltre il confine della mia esperienza, delle mie conoscenze, perfino della mia comprensione del mistero di Dio. Innanzitutto con le chiese orientali ho scoperto cosa significasse respirare con due polmoni; con tutti gli altri quanto importante fosse un dialogo schietto che richiede prima di tutto di comprendere cosa è veramente essenziale nella tua cultura, nella tua religione, nella tua fede: "la fede cresce donandola".

---

scientifica è Fondazione Russia Cristiana; il suo strumento editoriale è *La Casa di Matriona*; nel campo dell'iconografia ha dato vita all'Associazione *La Scuola di Seriate*.

L’avvio di un percorso ecumenico per la nostra Diocesi

> *Ora, il Signore dei secoli, il quale con sapienza e pazienza persegue il disegno della sua grazia verso di noi peccatori, in questi ultimi tempi ha incominciato a effondere con maggiore abbondanza nei cristiani tra loro separati l'interiore ravvedimento e il desiderio dell'unione. Moltissimi uomini in ogni dove sono stati toccati da questa grazia, e tra i nostri fratelli separati è sorto anche per grazia dello Spirito Santo un movimento che si allarga di giorno in giorno per il ristabilimento dell'unità di tutti i cristiani. A questo movimento per l'unità, che è chiamato nuovamente ecumenico, partecipano quelli che invocano la Trinità e confessano Gesù come Signore e Salvatore, e non solo presi a uno a uno, ma anche riuniti in comunità, nelle quali hanno ascoltato il Vangelo e che essi chiamano la Chiesa loro e la Chiesa di Dio. Quasi tutti però, anche se in modo diverso, aspirano a una Chiesa di Dio una e visibile, che sia veramente universale e mandata al mondo intero, perché questo si converta al Vangelo e così si salvi per la gloria di Dio. (UR 1)*

Anche a Massa il tempo del Concilio non fu esente dall’attenzione e dal costante invito alla preghiera per l’unità dei cristiani. Osservando gli articoli del settimanale diocesano “Vita Apuana” (d’ora in poi VA) si nota per tutti gli anni ’60 un continuo appello e richiamo alla preghiera e alla celebrazione dell’Ottavario che dal 18 al 25 gennaio invita tutti i cristiani ad una preghiera congiunta per la stessa evangelica intenzione: “che tutti siano una cosa sola”[7] come Gesù e il Padre. Si invita alla preghiera già dagli inizi del mese di gennaio per poi dedicare in un numero uno spazio alla formazione e informazione su tematiche ecumeniche.

Di fatto su Vita Apuana si mutuano sempre articoli scritti da persone di fuori diocesi il che non è un male poiché si va ad attingere da chi ne sa

[7] La frase tratta dal Vangelo di Giovanni (Gv 17, 21) è il richiamo principale dell’impegno ecumenico.

qualcosa; tuttavia è chiaro che a livello locale manca un'esperienza concreta e chi si dedichi all'argomento; si afferma l'importanza dell'iniziativa ma non si offre alcuna indicazione concreta per calarla nella realtà territoriale.

Il linguaggio è ancora, necessariamente, quello preconciliare che pensa l'unione come un ritorno dei lontani: "*La Chiesa si è sempre preoccupata del ritorno dei lontani. Basti ricordare, per il solo ritorno degli orientali, i concilii di Lione e di Firenze nonché tutte le sollecitudini dei Papi*".[8]

Grande spazio -due intere pagine- viene dato nel 1964 al viaggio di Paolo VI in Terra Santa: "*Roma accompagna il bianco Pellegrino – Tre giorni di visite e di cerimonie, Governanti e folle attorno al Pontefice*" e soprattutto all'incontro col Patriarca di Costantinopoli, Atenagora: due ore di colloqui e di preghiere. Lo storico incontro e l'immagine dell'abbraccio tra i due resterà per sempre come un segno di speranza e di attesa di un'unità possibile: "*Dopo tanti secoli di silenzio, si sono ora incontrati nel desiderio di attuare la volontà del Signore e di proclamare l'antica verità del suo Vangelo affidato alla Chiesa. Lo storico incontro ha avuto luogo; sarà questo l'inizio di una nuova era?*".[9]

Dobbiamo arrivare al 1974 per avere la percezione che il percorso abbisogna di esser calato nella realtà locale. Riferendosi ad un messaggio alle chiese toscane del Vescovo di Livorno Mons. Alberto Ablondi[10], incaricato per l'ecumenismo nella regione ecclesiastica, il giornale

---

[8] VA 22/01/61

[9] VA 12/01/64

[10] S.E.R. MONS. ALBERTO ABLONDI, (1924-2010). Dal 1970 Vescovo di Livorno. Vicepresidente delle Società Bibliche si dedicò con grande passione all'ecumenismo e al dialogo interreligioso in particolare con la comunità ebraica. Sotto la sua presidenza della Commissione nazionale per l'ecumenismo e il dialogo interreligioso della CEI fu introdotta la Giornata di dialogo ebraico cristiano nella data del 17 gennaio. Fu lui a fondare, a Livorno, il Centro di documentazione dell'ecumenismo in Italia (CEDOMEI).

avverte[11]: "*ci permettiamo di ricordare questo invito, inteso a far comprendere a tutti i fedeli il significato di questa importante iniziativa, la necessità, l'urgenza che i fedeli si adoprino perché si rinnovi e venga esaudita la preghiera che Gesù fece al Padre nell'ultima sera trascorsa sulla terra: che tutti i credenti nel suo nome siano una cosa sola fra loro. L'unità è preghiera del Cristo ed è insieme ragione di vita, di fecondità, di salvezza.*

Ristabilire l'unità: la cosa non è né semplice né facile: per questo si deve ancora pregare, dialogare, chiarire idee, collaborare in tutte quelle opere che attuano comuni ideali. Tutte le nostre diocesi sono impegnate. Mons. Ablondi non ha indicato programmi particolari, consapevole che questo è compito di ciascun Vescovo per la propria Diocesi". L'articolo viene pubblicato, tuttavia indicazioni concrete per la Diocesi apuana non ne vengono impartite.

È a partire dal 1982 che l'impegno viene affidato in modo specifico alla chiesa locale da parte del Vescovo: "*Mons. Vescovo rivolge un presente (sic.) invito affinché in tutte le chiese principali, e non, della diocesi, si volga dal 18 al 25 gennaio prossimi, l'ottavario per l'unità dei cristiani*"[12]. Il messaggio indica il tema dell'anno, la possibilità di usare un sussidio, l'utilizzo della Liturgia della Parola da collocarsi fuori o dentro la Messa. Per la preghiera lo stesso Vescovo presiederà la celebrazione della Messa in Cattedrale il primo e l'ultimo giorno. Per la prima volta si ha notizia di iniziative specifiche di formazione, sempre in Cattedrale, per otto sere consecutive:

- L'unità nella Chiesa: segno di credibilità
- La prima grande separazione: lo Scisma d'Oriente

---

[11] VA 13/01/74

[12] VA 17/01/82

- La divisione nella Chiesa d'Occidente: il Protestantesimo
- Da un cammino di divisioni a un cammino per l'unità: il movimento ecumenico
- Dal Vaticano II una decisiva spinta sulla via dell'Ecumenismo
- La proliferazione di sette e movimenti pseudo-religiosi nella società contemporanea: un interrogativo per la Chiesa
- La Chiesa d'oggi: itinerario della verità nella tradizione e nel progresso
- La Chiesa italiana negli anni '80: varietà di movimenti e unità di tensione ecumenica.

Il programma si presenta certamente interessante e propone un piccolo corso di ecumenismo accessibile a tutti e soprattutto segnale di un'appropriazione della questione come di una sfida che riguarda la Chiesa locale. Un passo in avanti straordinario anche se resta un processo di preghiera e formazione ad intra.

L'anno successivo, 1983, vede un allargamento ad altre chiese – si terrà infatti una conferenza di Mons. Giuliano Agresti a San Sebastiano – e un maggiore coinvolgimento prevedendo per la celebrazione dell'ultimo giorno che in Cattedrale con il Vescovo siano presenti anche tutti i parroci della Città di Massa.

Nel 1986 viene inviata alla Chiesa apuana una vera e propria lettera pastorale ecumenica. Data la sua importanza la riporto per intero:[13]

> *Carissimi fedeli, la settimana che corre tra il 18 e il 25 gennaio è riservata alla preghiera per l'Unità dei Cristiani. Questa iniziativa, nata nel 1908, vuol essere un momento di verifica e di sprone per il*

[13] VA 19/01/86

cammino ecumenico. E dobbiamo dire che i molti segni di unità spingono ad un bilancio positivo.

Il tema per la Settimana di Preghiera è: "sarete miei testimoni" (At 1, 6-8). L'urgenza di questo tema è sentita da tempo. Basta pensare che il movimento ecumenico è nato proprio dal desiderio che alcuni missionari avevano di annunciare un unico Cristo ai popoli, ai quali erano stati inviati e che rimanevano scandalizzati dalle divisioni dei cristiani.

A tutt'oggi questa urgenza non ha perduto la sua attualità. Il mondo odierno va verso babele. Nella civiltà consumistica l'uomo scompare. Resta solo un oggetto senz'anima. Popoli interi, venduti alla fame, alla guerra, all'oppressione oppure al benessere stanno a testimoniare che, allo scadere del secondo millennio, una nuova babele si va edificando: nella confusione delle lingue e degli interessi si costruisce una tomba per l'uomo.

Il movimento ecumenico dei cristiani va in direzione contraria: non verso babele, ma verso una nuova Pentecoste. Pur nella insofferenza, l'ecumenismo delle chiese continua a creare gesti di unità. I dialoghi teologici si sono approfonditi: in centinaia di paesi la Bibbia, una volta oggetto di divisione, è strumento comune dei cristiani.

Sarete miei testimoni: il tema non ci trova intenti a stilare elenchi di cose da fare per il futuro, ma attenti ai segni per continuare il cammino: cammino che può essere percorso più in fretta e con più frutto nella misura in cui la fede viene sempre più liberata dai condizionamenti ideologici cioè nella misura in cui desideriamo annunciare veramente tutto il Cristo.

Il mondo non ha bisogno di "cose" in più, ma di testimonianze di umanità nuova, cioè di umanità autenticamente cristiana, fondata su una fede senza compromessi, una speranza senza riserve, una carità senza confini. Testimonianza di fede davanti agli increduli, di speranza di fronte alle miserie, di amore di fronte all'odio, di dignità umana di fronte al disprezzo dell'uomo, di giustizia e di pace di fronte a violenza e guerra.

Testimonianza che ha la sua origine dal Cristo, testimone del Padre nello Spirito, il suo fondamento nel battesimo, che è conversione per una testimonianza, la sua espressione perfetta nel raccogliersi di tutti i cristiani per un'unica e sola Eucarestia.

L'importanza e l'urgenza della Unità dei cristiani ci impegnano a far nostra l'iniziativa della settimana di preghiera. Pertanto invitiamo i parroci a far pregare i fedeli e a sensibilizzarli al tema dell'anno nella sede e nei modi che riterranno più opportuni ed efficaci. La stessa raccomandazione rivolgiamo ai responsabili delle associazioni, movimenti, gruppi ecclesiali, esistenti in Diocesi, per i loro associati o aderenti. Esimersi da questo impegno sarebbe una grave omissione. Vi salutiamo e vi benediciamo.

+Aldo Forzoni [14]
+Bruno Tommasi [15]

Il clima nel mondo ecumenico era positivo e pieno di una speranza tangibile via via che alcuni segni apparivano a confermare che il cammino di avvicinamento era possibile, che il superamento di odii e pregiudizi,

[14] M.R. MONS. ALDO FORZONI, (1912-1991). Consacrato Vescovo per la Diocesi di Gravina e Irsina nel 1953 poi trasferito a Diano e dal 1970 Vescovo di Massa fino al 1988.

[15] S.E.R. MONS. BRUNO TOMMASI, (1930-2015). Eletto alla sede vescovile di Pontremoli e nominato coadiutore di Apuania il 10 giugno 1983; Vescovo di Massa Carrara - Pontremoli dal 23 febbraio 1988 poi Arcivescovo di Lucca dal 1991.

indifferenza e ignoranza reciproca stava accadendo distruggendo antichi e consolidati steccati. Le parole di Mons. Giorgetti, non certo incline a facili entusiasmi e voli pindarici, in occasione della Settimana di preghiera dell'89 sono paradigmatiche in questo senso:

Ciò che fino a trent'anni fa poteva apparire come un miraggio oggi invece è un traguardo raggiungibile, seppur ancora all'orizzonte. Dopo gli avvicendamenti tra cattolici e ortodossi (legittimati dallo storico abbraccio fra Paolo VI e Atenagorah) sono maturate all'interno della Chiesa spinte ecumeniche che si sono concretamente mostrate due anni fa nell'incontro di Assisi tra i "capi" di numerose religioni. Anche la nostra Diocesi è impegnata in questi giorni nel tentativo di contribuire all'unità di tutti i cristiani"[16]

Se in ambito ecumenico non mancava l'entusiasmo ed una visione ricca di speranza, a preoccupare era piuttosto l'inerzia di una comunità diocesana poco avvezza a questi temi e la consapevolezza di quanto potesse essere difficile coinvolgere sacerdoti e fedeli nell'anelito all'unione di tutti. Traspare questa preoccupazione anche dalle parole che io stesso scrissi, nel medesimo anno, in preparazione alla Settimana di preghiera:

Potrebbe accadere che quei giorni passino in sordina per cui sembra opportuno ricordarci come la divisione "non solo contraddice apertamente alla volontà di Cristo, ma anche è di scandalo al mondo e danneggia la causa della predicazione del Vangelo a ogni creatura".

Sembra veramente necessario verificare nella nostra Chiesa locale, nelle nostre parrocchie, nel nostro intimo, se siamo stati portatori di unità,

[16] VA 15/01/89

capaci di metterci in discussione davanti alla Parola di Dio per costruire la comunità alla luce di quanto oggi lo Spirito dice alla Chiesa.[17]

A tale proposito risuonarono ancora forti le parole di Mons. Tommasi alla Diocesi: *Carissimi, come ogni anno si celebrerà in tutto il mondo la settimana di preghiera per l'unità dei cristiani. Questa iniziativa, data la sua importanza, si raccomanda da sé. Si tratta, con essa, di mettersi in sintonia con la preghiera e la volontà di Cristo.*

Quando la nostra preghiera si unisce alla preghiera di Cristo al Padre, veniamo confortati e rafforzati nella fede, perché la preghiera di Cristo non sarà inascoltata.

I tempi e i modi del compimento sono riservati alla sapienza di Dio, che per realizzare il suo disegno di salvezza universale, chiede la cooperazione degli uomini. Pertanto i cristiani, che conoscono il pensiero del loro Signore, più degli altri sono tenuti a credere e a operare in conformità al piano salvifico di Dio. In ogni comunità parrocchiale e in ogni istituto religioso della nostra Diocesi si tengano preghiere particolari, inserite nella Liturgia della Parola, seguendo l'apposito manualetto-."[18]

---

[17] Ibidem.

[18] VA 05/01/90

I. TEMPO DI STUDIO E CONOSCENZA

La formazione

> *L'insegnamento della sacra teologia e delle altre discipline, specialmente storiche, deve essere impartito anche sotto l'aspetto ecumenico, perché abbia sempre meglio a corrispondere alla verità dei fatti. È molto importante che i futuri pastori e i sacerdoti conoscano bene la teologia accuratamente elaborata in questo modo, e non in maniera polemica, soprattutto per quanto riguarda le relazioni dei fratelli separati con la Chiesa cattolica. È infatti dalla formazione dei sacerdoti che dipende soprattutto l'istituzione e la formazione spirituale dei fedeli e dei religiosi. Anche i cattolici che attendono alle opere missionarie in terre in cui lavorano altri cristiani devono conoscere, specialmente oggi, le questioni e i frutti che nel loro apostolato nascono dall'ecumenismo. (UR 10)*

Questo primo tempo ecumenico della nostra Diocesi si concentrò dunque all'interno della comunità cattolica. Nelle Parrocchie si elevavano preghiere e si celebravano Messe per l'unità dei cristiani mentre la Diocesi organizzava utili momenti di formazione per i fedeli che accettavano l'invito ad approfondire tematiche interconfessionali, storiche e spirituali. Le serate in Cattedrale, ripetute negli anni prima o dopo la Messa serale, furono importanti in questo senso perché posero un segno, coinvolsero i seminaristi, chiesero a preti e professori[19] di approfondire tematiche che altrimenti forse avrebbero sorvolato.

---

[19] Tra questi il Prof. MARIANO LALLAI, (Quartu Sant'Elena -Cagliari- 1946). dal 1952 residente a Massa. Laureato in lettere classiche ha insegnato greco e latino al Liceo Classico di Carrara. Fu tra i primi relatori che ebbi modo di ascoltare arrivato a Massa e che contribuì alla mia prima formazione e alla nascita del mio entusiasmo con alcune lezioni e conferenze tra le quali una sulla storia delle separazioni tra cristiani durante i secoli presso il Centro Studi della Cattedrale di Massa.

Vorrei ricordare i titoli di alcuni dei cicli di conferenze tenuti nella sala parrocchiale della Cattedrale: Panoramica del mondo cristiano oggi – traiettoria storica verso il dialogo ecumenico – presentazione sommaria del documento conciliare sull'Ecumenismo – Fondamento dommatico del dialogo ecumenico – metodologia cattolica del dialogo ecumenico – interlocutori di Roma nel dialogo ecumenico: gli Ortodossi – interlocutori di Roma nel dialogo ecumenico: i Protestanti.

Oppure come approfondimento durante la Messa serale nella Basilica Cattedrale: Il Cristo testimone del Padre nello Spirito – Il Battesimo, conversione per una testimonianza – Testimoni di fede davanti agli increduli – Testimoni di speranza di fronte alle miserie – Testimoni dell'amore di fronte all'odio – Testimoni della giustizia e della pace di fronte a violenza e guerra – L'Eucaristia: appello per una testimonianza di unità!

L'informazione

> Bisogna conoscere l'animo dei fratelli separati. A questo scopo è necessario lo studio, e bisogna condurlo con lealtà e benevolenza. I cattolici debitamente preparati devono acquistare una migliore conoscenza della dottrina e della storia, della vita spirituale e liturgica, della psicologia religiosa e della cultura propria dei fratelli. A questo scopo molto giovano le riunioni miste, con la partecipazione di entrambe le parti, per dibattere specialmente questioni teologiche, dove ognuno tratti da pari a pari, a condizione che quelli che vi partecipano, sotto la vigilanza dei vescovi, siano veramente competenti. Da questo dialogo apparirà più chiaramente anche la vera posizione della Chiesa cattolica. In questo modo si verrà a conoscere meglio il pensiero dei fratelli separati e a loro verrà esposta con maggiore precisione la nostra fede. (UR 9)

Il punto di arrivo di questo tempo di approfondimento inizialmente offerto da parte della Diocesi ai sacerdoti e ai fedeli è costituito da un duplice passo in avanti con un primo approccio conoscitivo alle comunità religiose non cattoliche presenti sul territorio e con un allargamento dell'interesse ecumenico attraverso la creazione di una Commissione diocesana.

In questa direzione Mons. Giorgetti promosse, a cavallo tra gli anni '80 e '90, un'indagine presso i parroci per conoscere la situazione delle varie comunità non cattoliche.
L'indagine fu eseguita in modo sicuramente non adeguato e un po' ingenuo tuttavia rappresenta la presa ci coscienza che parlare di ecumenismo poteva significare incontrare delle realtà concrete e non semplicemente studiare dei fatti storici o accaduti altrove. Anche le risposte paiono tradire questa mentalità rispettosa di vecchie regole che impedivano l'incontro e la conoscenza preferendo il quieto vivere e ponendo attenzione che non si creassero problemi diplomatici o difficoltà -peggio confusioni- per i fedeli cattolici.
Interessante a questo proposito la risposta dalla parrocchia di Aulla che, riferendosi alla comunità Cristiana Avventista presente sul territorio parrocchiale dichiara: "non infastidiscono" mentre quella di Monzone, riferita alla stessa confessione, ammette che "non portano alcun genere di scompiglio".

Le Comunità conosciute sul territorio in occasione di questo primo censimento sono:

1) Comunità Avventista di Aulla
2) Comunità Avventista di Monzone
3) Comunità Valdese – Metodista di Carrara

4) Comunità Evangelica a Marina di Carrara

5) Comunità Evangelica di Pieve Fosciana *(territorio oggi appartenente alla giurisdizione dell'Arcidiocesi di Lucca).*

Delle varie comunità vengono fornite informazioni numeriche -in genere si tratta di pochi fedeli mai superiori alla trentina e appartenenti a poche famiglie- e, soprattutto, pare fatto comune che siano rispettosi -in particolare con il parroco-, non dediti a proselitismo e talvolta disponibili anche a lasciare che il parroco faccia loro visita in occasione della benedizione delle case. Non si ha notizia di esperienze di dialogo tra le comunità fatta eccezione per gli evangelici di Marina di Carrara dove fu tentato un approccio per una veglia di preghiera che tuttavia non ebbe seguito. In effetti anche successivamente la chiesa "dei Fratelli" non ha mai aderito ad alcuna iniziativa ecumenica.

Come già anticipato nel 1990 si ebbe la costituzione della Commissione ecumenica Diocesana composta dal Delegato, Mons Corrado Giorgetti, dal Prof. Mariano Lallai, da me -allora studente di teologia-, e dai Signori Italo Mussi e Elio Lazzini; la Commissione fu successivamente ampliata con l'inserimento dei coniugi Grazia e Umberto Rovelli. Essa fu innanzitutto occasione per una formazione più approfondita dei suoi membri nonché per la valorizzazione dei loro carismi personali nella promozione e nella programmazione delle varie tappe del percorso ecumenico.

I primi frutti si evidenziarono già nel programma presentato al Vescovo per l'anno successivo dove si affermava:

La nostra Diocesi non ha una presenza di chiese non cattoliche che si possa considerare rilevante; scopo principale dell'attività ecumenica dovrebbe essere quindi la sensibilizzazione al problema ecumenico in quanto questione che coinvolge direttamente la Chiesa e il suo essere missionaria nella carità.

Quanto detto, fondamentalmente, su due livelli: l'organizzazione di giornate, iniziative di preghiera, conferenze ecc. in particolare in occasione della Settimana di preghiera per l'unità dei cristiani; la sensibilizzazione degli Uffici pastorali affinché la pastorale stessa sia, oltre che vocazionale, missionaria, ecc. anche attenta al problema della divisione tra i cristiani.

Utile potrà risultare un lavoro di formazione e di studio all'interno della Commissione nonché la collaborazione con le iniziative di Uffici, associazioni, movimenti, che abbiano attinenza con l'argomento ecumenico. Si veda a tale proposito, come esempio, il mese della pace dell'AC.

Se non si ha questa attenzione si corre il rischio che il delegato si limiti a percorrere un proprio cammino di azione, cosa questa che la nota della CEI su "la formazione ecumenica della chiesa particolare" vorrebbe evitata.

II. RAPPORTI TRA I PASTORI

Dialogo con la chiesa ortodossa

Le Chiese d'Oriente e d'Occidente hanno seguito per molti secoli una propria via, unite però dalla fraterna comunione nella fede e nella vita sacramentale, sotto la direzione della Sede romana di comune consenso accettata, qualora fra loro fossero sorti dissensi circa la fede o la disciplina. È cosa gradita per il sacro Concilio richiamare alla mente di tutti, tra le altre cose di grande importanza, che in Oriente prosperano molte Chiese particolari o locali, tra le quali tengono il primo posto le Chiese patriarcali, e come non poche di queste si gloriano d'essere state fondate dagli stessi apostoli. Perciò presso gli orientali grande fu ed è ancora la preoccupazione e la cura di conservare, in una comunione di fede e di carità, quelle fraterne relazioni che, come tra sorelle, devono esistere tra le Chiese locali. Non si deve parimenti dimenticare che le Chiese d'Oriente hanno fin dall'origine un tesoro dal quale la Chiesa d'Occidente ha attinto molti elementi nel campo della liturgia, della tradizione spirituale e dell'ordine giuridico. Né si deve sottovalutare il fatto che i dogmi fondamentali della fede cristiana sulla Trinità e sul Verbo di Dio incarnato da Maria vergine, sono stati definiti in Concili ecumenici celebrati in Oriente e come, per conservare questa fede, quelle Chiese hanno molto sofferto e soffrono ancora. L'eredità tramandata dagli apostoli è stata accettata in forme e modi diversi e, fin dai primordi stessi della Chiesa, qua e là variamente sviluppata, anche per le diversità di carattere e di condizioni di vita. Tutte queste cose, oltre alle cause esterne e anche per mancanza di mutua comprensione e carità, diedero ansa alle separazioni. Perciò il santo Concilio esorta tutti, ma specialmente quelli che intendono lavorare al ristabilimento della desiderata piena comunione tra le Chiese orientali e la Chiesa cattolica, a tenere in debita considerazione questa speciale condizione della nascita e della crescita delle Chiese d'Oriente, e la natura delle relazioni vigenti fra esse e la Sede di Roma prima della separazione, e a formarsi un equo giudizio su tutte queste cose. Questa regola, ben osservata, contribuirà moltissimo al dialogo che si vuole stabilire. (UR 14)

Della Chiesa Ortodossa c'era qualche fedele nel territorio della Diocesi ma nessuna comunità. Decisi allora di andare a visitarne una lì dove la si trovava e, dopo aver creato un primo approccio tramite lettera mi recai a Genova presso la chiesa Ortodossa Greca di San Nicola e dell'Annunciazione in Via Casaregis. Era l'inizio del mese di maggio nel 1990; fui accolto con affetto dall'Archimandrita Eftimios Kouloumbis[20] che mi invitò a partecipare alla Liturgia in alcune occasioni nella sua piccola chiesa inserita a piano terra di un condominio ma non per questo priva delle caratteristiche di un luogo liturgico ortodosso: affreschi, icone, iconostasi, profumo di cera d'api e d'incenso orientale. Nel tempo ebbi modo di partecipare con la comunità greca alla Divina Liturgia domenicale, alla processione del Venerdì Santo, alla Liturgia della notte di Pasqua; fu una bella scuola, di ascolto silenzioso di canti e preghiere, di osservazione di una comunità che prega e vive il mistero pasquale. Un'esperienza religiosa vissuta in un modo diverso rispetto a quello che conoscevo e al contempo identico poiché nulla mi appariva estraneo alla fede che portavo nel cuore.

Per la Settimana di preghiera del 1991 Padre Eftimios accettò di venire a Massa per una liturgia ecumenica in Cattedrale insieme al Vescovo, Mons. Bruno Tommasi. Fu un momento molto toccante e molto, come dire: vero!

---

[20] ARCHIM. EFTIMIOS KOULOUMBIS, (Patrasso 1935-1993). Iniziò la sua missione a Napoli per poi spostarsi definitivamente a Genova nel 1987 restando per sei anni parroco della Chiesa Ortodossa greca di San Nicola e dell'Annunciazione. A Genova organizzò la scuola Ellenica aperta ai piccoli per l'insegnamento ed ai grandi che volessero acquisire le prime nozioni della lingua greca.

Tenne lui la predicazione sul Vangelo dei discepoli di Emmaus[21] durante la Veglia di preghiera del 21 gennaio. Le sue parole hanno lasciato un segno profondo nel mio cuore per cui vorrei condividerle per intero:

Eccellenza, fratelli e sorelle amatissimi in Cristo.
Questa sera il momento del nostro vero incontro è la preghiera.
Più si intensificano i contatti tre le nostre chiese, si fa più pressante il bisogno di partecipare insieme alla preghiera, sia per rendere gloria al Padre che ci ha salvati con il Sangue di Gesù Cristo, sia per implorare insieme il dono dell'UNITA' nella piena fedeltà al suo Vangelo e attendere con speranza il giorno benedetto in cui potremo partecipare insieme alla comunione dello stesso calice.
L'incontro nella preghiera ci riporta alla memoria la vita della prima Comunità cristiana, descritta dagli Atti degli Apostoli: "Erano assidui nell'ascoltare l'insegnamento degli Apostoli e nell'unione fraterna, nella frazione del pane e nella preghiera" (At 2, 42).
Questa immagine perfetta della comunità, Eccellenza Reverendissima, è la prospettiva verso cui tende lo sguardo di tutta l'Ortodossia.
Forse questo odierno incontro di preghiera è semplice e per tradizione di attività ecumenica allettante. Ma è, allo stesso tempo, anche un umile contributo voluto da Dio a indicazione, se non altro almeno del vostro e nostro comune cammino verso l'incontro comune con il Signore, come avvenne nel caso del cammino comune dei due discepoli con Cristo risorto sulla via verso Emmaus.

---

[21] Lc 24, 13-53

Sono molti gli aspetti del cammino intrapreso dalle nostre chiese verso l'unico Signore simili a questo cammino che, così vivamente descritto dall'Evangelista Luca, fu intrapreso in comune dai discepoli e dal Signore e che terminò nella rivelazione di Quello a loro.

Le nostre Chiese, Eccellenza, si trovano sulla soglia del terzo millennio della storia dell'umanità, storia presa dalla figura e dall'insegnamento di Cristo, l'edificatore della chiesa.

In questi duemila anni Colui che ha promesso ai fedeli che "sarà con loro" perché "dove sono due o tre riuniti nel suo nome, egli è in mezzo a loro" (Mt 18, 20), sicuramente non si è affatto allontanato da noi e dalle nostre chiese.

Ma, per ragioni che conosce il Signore stesso, le nostre due chiese non si sono trovate sempre a camminare insieme sulla via che Lui indica e che porta ad Emmaus. Tuttavia le nostre chiese, come i due Apostoli sulla via per Emmaus, "in quello stesso giorno erano in cammino per un villaggio", non molto distante dall'eterna Gerusalemme, a cui erano chiamate insieme, così come continuano ad essere chiamate anche oggi, più che mai, per glorificare, ormai unite al Dio uno nella Trinità.

Conversano, certo, l'una con l'altra, "di tutto quello che era accaduto" sebbene non condotte, sfortunatamente, verso la meta così desiderata.

"Mentre discorrevano e discutevano insieme, Gesù in persona si accostò e camminava con loro" nonostante il fatto della loro reciproca alienazione che dura da lungo tempo.

Le nostre chiese venivano interrogate di volta in volta dal Signore: "che sono questi discorsi che state facendo fra voi durante il cammino col volto triste?". Non di meno né i discorsi contrapposti sono mancati, né è stata tolta la tristezza tra le nostre chiese.

Identica era la fede in Cristo incarnato, sofferente, sepolto e risorto, per entrambe le chiese, però... "i loro occhi erano incapaci di riconoscerlo".

Ma il Signore non cessò "cominciando da Mosè e da tutti i profeti" di spiegare loro "in tutte le scritture ciò che si riferiva a lui". Non raramente si fece percettibile la necessità di invocare il Signore, perché restasse con loro, perché si faceva sera e il giorno già volgeva al declino.

E il Signore entrò "per rimanere con loro" non una volta o due nel lontano passato, ma più visibilmente ora che è sorta l'alba del reciproco riavvicinamento tra le due chiese nell'amore e della loro ricerca nella Verità delle cose che le uniscono nell'unica fede, nell'unico Signore Gesù Cristo.

Tocca già al Signore indicare l'ora perché avvenga il prodigio secondo cui "quando starà a tavola con loro prenderà il pane, lo benedirà, lo spezzerà e lo darà loro" allora si apriranno i loro occhi e lo riconosceranno.

Questo giorno, Eccellenza reverendissima e cari fratelli e sorelle, verrà certamente.

Le nostre chiese però devono preparare e spianare la sua venuta in piena concordia, in profonda comprensione reciproca, in spirito di umiltà e pentimento, non in contrapposizione di discorsi, ma attraverso il dialogo vero, percorrendo la via della riconciliazione, della comprensione, dell'amore, della loro convergenza e della loro unione nell'unico Signore.

Tutto ciò in nome di Cristo che "è la nostra pace, colui che ha fatto dei due un popolo solo abbattendo il muro di separazione che era frammezzo, cioè l'inimicizia, annullando, per mezzo della sua carne, la legge di prescrizione e di decreti per creare in se stesso, dei due, un solo uomo nuovo, facendo la pace per riconciliare tutti e due con Dio in un solo corpo, per mezzo della croce, distruggendo in se stesso l'inimicizia"

Eccellenza, fratelli e sorelle carissimi, lasciamoci prendere sempre -e soprattutto in questa sera- dal sentimento della riconciliazione e della fratellanza fra le nostre chiese.

Apprendiamo tutti con grande gioia dei progressi che compie la commissione mista per il dialogo teologico tra la chiesa Cattolica e la chiesa Ortodossa. La riconciliazione e la fratellanza, assieme al dialogo teologico in corso, hanno giustamente lo scopo di contribuire a realizzare di nuovo per i nostri tempi e nelle condizioni di oggi, la piena comunione di fede, di celebrazione e di vita, che ha testimoniato la comunità cristiana primitiva.

La discussione fraterna, leale e precisa è indispensabile per poter chiarire i malintesi, risolvere le divergenze ed infine proclamare insieme la fede comune.

Questo delicato cammino, ispirato da un senso profondo di responsabilità personale e collettiva, merita l'attenzione di tutti. Ha bisogno di un sostegno sentito e di una preghiera costante, affinché lo Spirito Santo illumini, fortifichi e diriga questa sincera ricerca della piena comunione.

Le inevitabili difficoltà obiettive o quelle derivanti dal contesto culturale, sociale o psicologico, non debbono distogliere da un'opera che si vuole espressione di obbedienza alla volontà di Dio.

Nei ruoli diversificati, ma nello stesso Spirito, tutti dobbiamo impegnarci in quest'opera; non soltanto i pastori ed i teologi, ma anche tutto il popolo di Dio che desidera vivere nella carità e nella pace, più di ogni altra volta, oggi che l'orizzonte del mondo è oscurato dalla guerra con il pericolo di un coinvolgimento di tutti, che secondo le parole del Santo Padre difficilmente c'è il ritorno.

"Facendo memoria della Tuttasanta, intemerata, benedetta sopra ogni creatura e gloriosa nostra Signora, la Madre di Dio e sempre Vergine Maria, con tutti i Santi, raccomandiamo noi stessi, e gli uni gli altri, e tutta la nostra vita a Cristo Dio". Amen.

Nel frattempo cresceva l'interesse per la tradizione slava anche grazie all'incontro con l'associazione Russia Cristiana, lo studio della lingua russa e soprattutto il nascere di un gruppo di immigrati provenienti dalla Russia. Per questo iniziai a frequentare anche la Chiesa ortodossa russa di Firenze finché, dopo la morte di Eftimios, divenne quasi l'unica meta delle mie relazioni con il mondo ortodosso. D'altra parte lì potevo cantare con il coro e seguire meglio le celebrazioni mentre da parte del parroco, Padre Gheorghij Blatinskij[22] ricevevo altrettanta fraterna accoglienza e possibilità di dialogo e collaborazione. Negli anni Padre Gheorghij è venuto più volte a Massa per la celebrazione di alcuni battesimi di bambini ortodossi, per alcune celebrazioni ecumeniche e, ultimamente, per la benedizione di un'edicola dedicata a San Nicola sulla Via Francigena in località Borgo del Ponte.

---

[22] PADRE GHEORGHIJ BLATINSKIJ, (San Pietroburgo 1945). Arciprete della Chiesa ortodossa russa di Firenze.

La cura pastorale degli orientali

Il gruppo dei russi

> *Tutti i cristiani professino davanti a tutti i popoli la fede in Dio uno e trino, nel Figlio di Dio incarnato, Redentore e Signore nostro, e con comune sforzo nella mutua stima rendano testimonianza della speranza nostra, che non inganna. Siccome in questi tempi si stabilisce su vasta scala la cooperazione nel campo sociale, tutti gli uomini sono chiamati a questa comune opera, ma a maggior ragione quelli che credono in Dio e, in primissimo luogo, tutti i cristiani, a causa del nome di Cristo di cui sono insigniti. La cooperazione di tutti i cristiani esprime vivamente l'unione già esistente tra di loro, e pone in più piena luce il volto di Cristo servo. Questa cooperazione, già attuata in non poche nazioni, va ogni giorno più perfezionata - specialmente nelle nazioni dove è in atto una evoluzione sociale o tecnica- sia facendo stimare rettamente la dignità della persona umana, sia lavorando a promuovere il bene della pace, sia applicando socialmente il Vangelo, sia facendo progredire con spirito cristiano le scienze e le arti, come pure usando rimedi d'ogni genere per venire incontro alle miserie del nostro tempo, quali sono la fame e le calamità, l'analfabetismo e l'indigenza, la mancanza di abitazioni e l'ineguale distribuzione della ricchezza. Da questa cooperazione i credenti in Cristo possono facilmente imparare come ci si possa meglio conoscere e maggiormente stimare gli uni e gli altri, e come si appiani la via verso l'unità dei cristiani. (UR 12)*

Appartiene in modo specifico a questo momento di totale assenza sul territorio di qualsiasi forma di comunità organizzata per gli orientali la nascita di una particolare attenzione nei confronti dei fedeli provenienti da territori di tradizione orientale. Un primo caso mi fu segnalato proprio dall'Archimandrita Eftimios relativamente ad una signora ortodossa di origine greca che in età più giovanile si recava a Genova per partecipare alla Liturgia ma ora, abitando a Carrara ed essendo anziana, non aveva più la possibilità di ricevere la Comunione e i Sacramenti in genere. Padre

Eftimios mi chiese se potevo farle visita e, per quanto possibile, aiutarla. Mi regalò una croce e il cucchiaino in uso nel loro rito per amministrare il Sacramento; mi spiegò come svolgere il culto in lingua greca ma al contempo come integrare con le parti che non conoscevo utilizzando anche l'italiano. Fu una importante esperienza di una collaborazione piccola ma molto arricchente nell'incontro con la realtà di fede vissuta da un'anziana signora devota e forte di grande esperienza umana e religiosa.

Intanto studiavo la lingua russa e questo mi diede occasione di conoscere diversi immigrati slavi che iniziai a radunare per momenti di confronto, di festa, di semplice stare insieme realizzando anche eventi culturali quali, tra tutti il più interessante, una mostra di *lubok*[23] sull'Apocalisse.

Uno degli scopi fu quello di tenere i fedeli ortodossi in comunicazione con la Chiesa di origine dando loro l'opportunità, magari andando insieme, di partecipare a Firenze a qualche Liturgia, oppure, in occasione della nascita di un bambino, organizzando a Massa o a Carrara la celebrazione del Battesimo invitando Padre Gheorghij sempre pronto e disponibile.

Il compito non era facile forse perché avevo la pretesa di "collaborare" con le gerarchie ortodosse che invece su questo erano del tutto rigide ritenendo che l'unico modo per aiutare degli ortodossi fosse di indirizzarli alla chiesa ortodossa (che non c'era). Solo Padre Gheorghij mi rispose in modo costruttivo "*La ringrazio di cuore per la sua preoccupazione per il destino dei russi che abitano a Massa. Credo che la possibilità più valida a fare qualcosa per loro consiste nel trovare qualcuno che sia in grado di organizzare la comunità delle persone che desiderano ricevere l'aiuto spirituale. Sono subito disponibile a venire al primo incontro ed anche a*

---

[23] Si tratta di stampe popolari, colorate in modo semplice, molto narrative e didascaliche.

delineare il programma della nostra stretta cooperazione con lo scopo di aiutare moralmente la vita spirituale della comunità"[24]

L'occasione della morte della signora ortodossa greca fu importante perché per la prima volta in una chiesa cattolica della Diocesi ospitavamo il culto officiato da un prete di altra confessione cristiana. Fortunatamente in seguito si dovettero accogliere solo liturgie battesimali!

Contestualmente a questi fatti cercavo di capire meglio il mio ruolo, le mie relazioni con la tradizione latina -la mia- e le tradizioni spirituali e liturgiche dei padri orientali, delle chiese ortodosse, delle chiese greco-cattoliche. Non fu facile capire quale fosse il compito ecumenico, quali le coordinate ecclesiali e rituali.

Feci molte domande cercando di capire, a volte creando o creandomi ulteriore confusione poiché ragionavo in modo ingenuo su una questione di cui solo marginalmente comprendevo la complessità. Allo stesso tempo proprio questo approccio mi consentiva di andare avanti cercando di capire e di mettermi in gioco per un obiettivo che sentivo sempre più alto. Molto aiuto ebbi soprattutto da Mons. Pierre Duprey[25] che ebbe la pazienza di ascoltarmi e rispondere ai miei dubbi e alle mie domande.

A dire il vero ci fu anche chi dalla chiesa ortodossa mi rispose e con molta chiarezza usando un linguaggio che oggi posso comprendere ma in quel momento mi era incomprensibile. In una lettera da parte di un rappresentante della gerarchia ortodossa mi si diceva: "*Per quanto*

---

[24] Lettera del 22 gennaio 98 di Gheorghij Blatinskij, parroco della Chiesa della Natività di Gesù e di San Nicola Taumaturgo in Firenze.

[25] S.E.R. MONS. PIERRE FRANCOIS MARIE JOSEPH DUPREY, (Croix 1922 – Roma 2007). Compiuti gli studi presso il Pontificio Istituto Orientale li completò ad Atene e Beirut imparando la lingua araba. Fino al 1963 insegnò teologia e storia della Chiesa presso il seminario Sant'Anna della Chiesa greco-melkita di Gerusalemme. Appartenente alla congregazione dei Missionari d'Africa (Padri Bianchi) nel 1963 fu nominato sottosegretario del Segretariato per l'Unità dei Cristiani. Nel 1983 fu promosso a segretario e nel 1990 fu ordinato Vescovo.

riguarda gli "ortodossi" che frequentano le chiese cattoliche e partecipano agli incontri di formazione Le devo dire in tutta franchezza che costoro hanno già deviato dalla loro tradizione... certamente chi vuole rimanere ortodosso non ha paura di niente, sa chi è e nulla lo scuote. L'ortodosso che vuole rimanere tale non ha bisogno di incoraggiamenti della sua gerarchia, rimane fedele e basta ed è in grado di fare anche delle ore di viaggio pur di poter assistere alla Divina Liturgia e ricevere i Sacramenti."

Oggi mi sento di dire che parlavamo linguaggi diversi aggiungendo che io ero animato da "santa ingenuità" mentre per le gerarchie ortodosse il fatto stesso che io ponessi certe questioni era del tutto incomprensibile o forse, dal loro punto di vista, inaccettabile.

I cattolici di rito orientale

> *Il santo Concilio molto si rallegra della fruttuosa e attiva collaborazione delle Chiese cattoliche d'Oriente e d'Occidente, e allo stesso tempo dichiara: tutte queste disposizioni giuridiche sono stabilite per le presenti condizioni, fino a che la Chiesa cattolica e le Chiese orientali separate si uniscano nella pienezza della comunione. Nel frattempo tutti i cristiani, orientali e occidentali, sono ardentemente pregati di innalzare ferventi e assidue, anzi quotidiane preghiere a Dio, affinché, con l'aiuto della sua santissima Madre, tutti diventino una cosa sola. Preghino pure perché su tanti cristiani di qualsiasi Chiesa, i quali confessando strenuamente il nome di Cristo, soffrono e sono oppressi, si effonda la pienezza della forza e del conforto dello Spirito Santo consolatore. Con amore fraterno vogliamoci tutti bene scambievolmente, facendo a gara nel renderci onore l'un l'altro. (OE 30)*

Non rientra di per sé nel tema ecumenico l'argomento della cura pastorale dei fedeli cattolici di rito orientale proprio perché essendo cattolici non richiedono nessun impegno per costruire un'unità che già esiste in senso pieno e che consente la *comunicatio in sacris* e quindi di ricevere i sacramenti in qualunque chiesa cattolica di qualunque rito. A un greco-cattolico dunque che abiti in Italia non manca certo la possibilità di confessarsi o ricevere la Comunione; può andare a Messa in qualsiasi delle decine di chiese latine che ha a disposizione e partecipare ad ogni iniziativa liberamente.

Quello che normalmente manca è la possibilità di esercitare il diritto e allo stesso tempo di rispettare il dovere sancito dai documenti della Chiesa in particolare del Concilio Vaticano II e dei Canoni delle Chiese Orientali di mantenere viva la tradizione del proprio rito.

Questo vale, tra l'altro anche per i fedeli ortodossi che hanno chiesto di passare alla Chiesa cattolica -abbiamo avuto alcuni casi negli ultimi anni-. Accoglierli nella Chiesa cattolica è compito del Vescovo che ne valuta le motivazioni e ne stabilisce la modalità; non può tuttavia far diventare "latini" gli orientali che entrando a far parte della Chiesa cattolica mantengono il proprio rito. Il cambiamento di rito -che non è solo un fatto liturgico bensì un insieme di diritti e doveri, di esperienze spirituali e, certo, anche liturgiche- è infatti prerogativa esclusiva della Sede Apostolica.

In modo indiretto dunque il rapporto, delicato, tra latini e orientali all'interno della comunione della Chiesa cattolica ha un risvolto ecumenico molto importante.

Se una Chiesa locale non è pronta a comprendere le esigenze particolari di un fedele orientale e tende così a latinizzarlo senza aiutarlo in alcun modo a mantenere fede al proprio rito; se in una parrocchia o in un seminario ci sono suore -perché se fossero preti ci penserebbero da sé- di rito orientale e nessuno se ne accorge dimenticando che hanno feste particolari, esigenze particolari; se un Vescovo o addirittura un'intera Conferenza Episcopale non accoglie un prete orientale cattolico che ha moglie e figli facendo capire che preferisce preti celibi; se suggerisce al prete sposato -come purtroppo è accaduto- che lui viva in parrocchia e moglie e figli da un'altra parte; se il sistema di sostentamento del clero in Italia non prevede -ora per fortuna è stato risolto- assegni famigliari per i preti sposati pur avendo due diocesi di rito greco-albanese, beh, direi che non ci sono i presupposti per un dialogo fruttuoso con gli ortodossi. La conoscenza, la comprensione, la relazione tra i diversi riti all'interno della Chiesa cattolica è un'opportunità fondamentale per imparare lo stile del dialogo cogliendo ciò che è essenziale, per prender coscienza che talvolta abbiamo costruito riflessioni fondate su presupposti sbagliati, per apprezzare la diversità come un dono, per acquisire un linguaggio adeguato e capace di tener conto delle sensibilità di tutti.

In un mondo dove gli ortodossi russi non sono più solo in Russia e i siro malabarici non sono più solo in India ma tutti sono ovunque quello sancito è un presupposto assolutamente essenziale.

I seminaristi melkiti

La Chiesa santa e cattolica, che è il corpo mistico di Cristo, si compone di fedeli che sono organicamente uniti nello Spirito Santo da una stessa fede, dagli stessi sacramenti e da uno stesso governo, e che unendosi in varie comunità stabili, congiunti dalla gerarchia, costituiscono le Chiese particolari o riti. Tra loro vige una mirabile comunione, di modo che la varietà non solo non nuoce alla unità della Chiesa, ma anzi la manifesta. È infatti intenzione della Chiesa cattolica che rimangano salve e integre le tradizioni di ogni Chiesa o rito particolare... Queste Chiese particolari, sia dell'Oriente che dell'Occidente, sebbene siano in parte tra loro differenti in ragione dei cosiddetti riti -cioè per liturgia, per disciplina ecclesiastica e patrimonio spirituale- tuttavia sono allo stesso modo affidate al governo pastorale del romano Pontefice. Esse quindi godono di pari dignità, cosicché nessuna di loro prevale sulle altre per ragioni di rito; fruiscono degli stessi diritti e sono tenute agli stessi obblighi, anche per quanto riguarda la predicazione del Vangelo in tutto il mondo. (OE 2 – 3)

Grazie a Padre Gabriel Bunge conobbi Mons. Lutfi Laham (poi Patriarca dei melkiti col nome di Gregorio III)[26] allora Arcivescovo e Vicario Patriarcale a Gerusalemme. Fu lui a chiedermi di prendermi cura dei seminaristi della Palestina in Italia, dapprima di uno di loro che si trovava in un seminario toscano assieme a tutti studenti latini, successivamente nell'intento di offrire ospitalità, in alcuni momenti dell'anno, ai seminaristi di lingua araba studenti al Pontificio Collegio Greco per consentire loro di imparare meglio la lingua italiana. Il particolare legame con la Terra Santa e con il Collegio Greco furono un ulteriore arricchimento per me, per il mio servizio ed anche per la Diocesi. Durante il pellegrinaggio diocesano in Terra Santa nell'anno del grande Giubileo avemmo modo di visitare la Cattedrale melkita e il monastero di San Giovanni nel Deserto (oggi non più esistente) ad Ain Karem; successivamente, nel 2001, avemmo il dono della visita del Patriarca S.B.Gregorio III che tenne a San Sebastiano una conferenza su pace ed ecumenismo presiedendo poi la Divina Liturgia nella Cattedrale durante la quale volle benedire me come Archimandrita della Chiesa melkita e benedire la piccola iconostasi di una cappella per il rito orientale (oggi non più esistente) lateralmente alla cappella delle Stimmate.

I greco cattolici

Alle Chiese orientali aventi comunione con la Sede apostolica romana, compete lo speciale ufficio di promuovere l'unità di

[26] S.B. GREGORIO III, nato Lutfi Laham (Damasco 1933). Consacrato arcivescovo-vicario patriarcale di Gerusalemme per la Chiesa cattolica greco-melkita nel 1981, dal 29 novembre 2000 è diventato *Patriarca di Antiochia, di tutto l'Oriente, di Alessandria e di Gerusalemme della Chiesa Greco-Melkita Cattolica* e ha assunto il nome di Gregorio fino al 2017 quando ha rinunciato all'incarico.

tutti i cristiani, specialmente orientali, secondo i principi del decreto «sull'ecumenismo» promulgato da questo santo Concilio, in primo luogo con la preghiera, l'esempio della vita, la religiosa fedeltà alle antiche tradizioni orientali, la mutua e più profonda conoscenza, la collaborazione e la fraterna stima delle cose e degli animi.
Dagli orientali separati che, mossi dalla grazia dello Spirito Santo vengono all'unità cattolica, non si esiga più di quanto richiede la semplice professione della fede cattolica. E poiché presso di loro è stato conservato il sacerdozio valido, i chierici orientali che vengono all'unità cattolica, hanno facoltà di esercitare il proprio ordine, secondo le norme stabilite dalla competente autorità. (OE 24-25)

Poiché crediamo che la venerabile e antica tradizione delle Chiese orientali sia parte integrante del patrimonio della Chiesa di Cristo, la prima necessità per i cattolici è di conoscerla per potersene nutrire e favorire, nel modo possibile a ciascuno, il processo dell'unità.
I nostri fratelli orientali cattolici sono ben coscienti di essere i portatori viventi, insieme con i fratelli ortodossi, di questa tradizione. E necessario che anche i figli della Chiesa cattolica di tradizione latina possano conoscere in pienezza questo tesoro e sentire così, insieme con il Papa, la passione perché sia restituita alla Chiesa e al mondo la piena manifestazione della cattolicità della Chiesa, espressa non da una sola tradizione, né tanto meno da una comunità contro l'altra; e perché anche a noi tutti sia concesso di gustare in pieno quel patrimonio divinamente rivelato e indiviso della Chiesa universale (OL 1)

Nel 1998 mi veniva concessa la facoltà di biritualismo per il rito bizantino-slavo con rescritto firmato del Segretario della Congregazione per le Chiese Orientali inviato al Vescovo dal Cardinale Achille Silvestrini, Prefetto della stessa Congregazione il quale, nella sua lettera del 24 marzo scriveva: "*Eccellenza Reverendissima, intendo esprimerLe il mio apprezzamento per la lodevole cura con la quale si è fatta carico dei fedeli greco-cattolici presenti nella Sua diocesi e per la profondità delle considerazioni ecclesiologiche da Lei formulate e che motivano il Suo sforzo di rispondere ai bisogni pastorali di detti fedeli*"

Il servizio che mi veniva chiesto si muoveva in due direzioni: l'attenzione ai fedeli cattolici di rito orientale, la sensibilizzazione dei fedeli latini per una maggiore conoscenza e capacità di relazione. A questo si aggiungeva il servizio ai fedeli ortodossi che lo chiedessero soprattutto allo scopo di orientarli alle loro rispettive chiese mettendoli in comunicazione -e talvolta invitando qui- con i loro pastori.

Di fatto non ho potuto realizzare granché di tutto questo; l'impegno si è orientato soprattutto sul terzo punto aumentando progressivamente e continuamente la popolazione Romena a maggioranza ortodossa. Molto meno è stato possibile fare sul primo punto essendo i fedeli molto sparpagliati sul territorio e pochi di numero con il risultato finale che gli ortodossi hanno ora due preti sul territorio, una chiesa a disposizione e altre tre utilizzabili secondo i loro bisogni in comune con la comunità cattolica mentre praticamente nessuna opportunità è offerta ai cattolici orientali.

Un tentativo negli ultimi anni aveva visto il nascere di un piccolo coro per proporre i canti liturgici ed eventualmente la celebrazione della Divina Liturgia ma proprio al compimento del lavoro difficile di imparare tutti i canti necessari il Signore ha chiamato a sé il M° Giulio Cecconi, eterna sia la sua memoria, che dirigeva il coro e ormai conosceva la materia; tutto è tornato al punto di partenza.

D'altra parte non appare certamente questa come una delle priorità pastorali del nostro territorio e del nostro tempo.

Qualcosa è stato fatto sul secondo punto: informazione, sensibilizzazione, qualche iniziativa, l'appoggio al corso di iconografia, le celebrazioni per la benedizione delle icone o la celebrazione dell'Akathistos in alcune occasioni, qualche conferenza e catechesi. Certamente troppo poco. Qualcosa in più se paragonato al poco tempo disponibile e alle poche risorse; a volte mi son dovuto accontentare di portare a spasso la mia barba orientale!

Bielorussia e Ukraina

> *Tutti gli orientali sappiano con tutta certezza che possono sempre e devono conservare i loro legittimi riti e la loro disciplina, e che non si devono introdurre mutazioni, se non per ragione del proprio organico progresso. Pertanto, tutte queste cose devono essere con somma fedeltà osservate dagli stessi orientali, i quali devono acquistarne una conoscenza sempre più profonda e una pratica più perfetta; qualora, per circostanze di tempo o di persone, fossero indebitamente venuti meno ad esse, procurino di ritornare alle avite tradizioni. Quelli che per ragione o di ufficio o di ministero apostolico hanno frequente relazione con le Chiese orientali o con i loro fedeli, secondo l'importanza dell'ufficio che occupano siano accuratamente istruiti nella conoscenza e nella pratica dei riti, della disciplina, della dottrina, della storia e delle caratteristiche degli orientali. (OE 6)*

Le relazioni con la chiesa greco-cattolica in Bielorussia sono state frutto di un incontro con l'Archimandrita Sergiusz Gajek[27] e l'invito, pochi mesi dopo a partecipare ad un viaggio umanitario nella stessa nazione.

Padre Sergio venne molte volte a Massa; in alcune occasione avemmo modo di usare della sua conoscenza per qualche incontro e una volta per la

---

[27] ARCHIM. SERGIUSZ GAJEK, (Łyszkowice -Polonia- 1949). Presbitero della Congregazione dei chierici mariani, ha studiato presso la Facoltà di teologia dell'Università Cattolica di Lublino quindi presso il Pontificio Istituto Orientale. Dal 1983 al 1999 ha insegnato al Dipartimento di teologia ortodossa dell'Istituto ecumenico dell'Università Cattolica di Lublino. Dopo che, nei primi anni '90, la Chiesa greco-cattolica bielorussa è potuta tornare ad operare apertamente, è stato nominato visitatore apostolico della Chiesa greco-cattolica bielorussa. Nel 1996 padre Sergiusz Gajek ha ricevuto il titolo di Archimandrita e nel 1997 è stato nominato consultore della Congregazione per le Chiese orientali. È autore di numerose pubblicazioni scientifiche sul cristianesimo orientale.

celebrazione della Divina Liturgia nel rito slavo in Cattedrale. Collaborai con lui per la pubblicazione del libro per la Divina Liturgia adattato in bielorusso e quando mi proposero di andare in Bielorussia le due motivazioni si sommarono: il servizio ai bambini e la visita ad una Chiesa uscita da poco da un tempo di oppressione e difficoltà. In tutte e due le direzioni il viaggio fu di grande esperienza e arricchimento aggiungendo a questo la condivisione con i compagni di missione e, successivamente, la possibilità di incontrare i bambini bielorussi ospiti a Casola Lunigiana offrendo loro qualche momento di preghiera secondo la loro tradizione rituale.

Durante il viaggio in Bielorussia mi fu chiesto di tenere la predicazione in una delle chiese greco-cattoliche per portare il mio saluto e quello della nostra Chiesa diocesana.

> *Reverendissimo Archimandrita Sergio, amati fratelli nel presbiterato, fratelli carissimi che vivete in Bielorussia e qui portate la vostra testimonianza del Cristo Crocifisso-Risorto; sono lieto di essere qui oggi per trasmettervi il saluto affettuoso e l'abbraccio di pace della nostra Chiesa che è in Italia, del nostro Vescovo Eugenio, dei miei parrocchiani che ci seguono con la loro preghiera.*
>
> *Ho voluto accompagnare nel loro viaggio alcuni fratelli che già molte volte hanno dedicato il loro impegno per accogliere bambini della Bielorussia in Italia o inviare a loro, alle loro famiglie o ai loro istituti aiuti fraterni per un continuo scambio nell'amore tra la nostra e la vostra terra.*
>
> *Carissimi, amiamoci gli uni gli altri, perché l'amore è da Dio: chiunque ama è generato da Dio e conosce Dio.*

La Parola di Dio ci invita a camminare in questa strada di unità e fraternità. Abbiamo tutti motivi per odiare chi ci ha fatto del male, per disprezzare il nostro passato, per pensare solo a noi stessi visto che i problemi personali, familiari e sociali non ci mancano. Il Signore Gesù ci indica però un'altra strada. "Amiamoci gli uni gli altri". Senza questo non potremo conoscere Lui né capire nulla della nostra vita.

"Non siamo stati noi ad amare Dio, ma è Lui che ha amato noi e ha mandato il suo Figlio come vittima di espiazione per i nostri peccati." Per noi Cristiani è chiara questa affermazione dell'Apostolo Giovanni poiché la celebriamo ogni volta che ci ritroviamo per la Divina Liturgia: è Lui, il Signore, che ci convoca, che ci rende fratelli, che ci permette di presentare la preghiera di Lode al Padre. È Lui che si offre sull'altare e offre a noi la sua stessa vita eterna e divina.

È Lui che ci ha amati per primo! I santi fratelli e Apostoli Pietro e Andrea, patroni di questa comunità, ce lo insegnano poiché non loro hanno scelto Gesù ma è Lui che li ha chiamati; non loro si sono designati come Apostoli ma da Lui hanno ricevuto questa alta vocazione. Hanno accolto la Parola di Gesù Cristo, hanno creduto che Egli è stato mandato dal Padre e così la loro vita è stata completamente trasformata.

I Santi Pietro e Andrea sono per noi l'icona dell'abbraccio fraterno che unisce più ancora del sangue e della carne; icona dell'abbraccio che il Signore Gesù desidera tra tutte le chiese, tra le chiese d'oriente e quelle d'occidente affinché possa essere superata ogni divisione che la storia e il peccato hanno seminato tra noi. Affinché il mondo creda in Gesù Cristo e possa dunque trovare in Lui la salvezza e la pace.

Per questo nell'ultima cena il Signore nostro Gesù Cristo ha elevato a Dio Padre la Sua preghiera: perché tutti possiamo essere Uno come Egli è uno con il Padre e lo Spirito Santo.

Il mondo per questo ci odia. Chi ragiona secondo le logiche del potere e del danaro odia coloro che accolgono una vocazione così alta e così lontana dal loro modo di vedere. Il mondo rifiuta la luce poiché essa mette in evidenza la sua malvagità e i suoi sotterfugi velenosi e pieni di egoismo e orgoglio.

Il Signore non ci ha promesso di toglierci da questo mondo di peccato, di sofferenza e talvolta di persecuzione ma per noi ha chiesto un dono prezioso a Dio suo e nostro Padre: che siamo resi liberi dal Maligno. Possa dunque realizzarsi per noi questa promessa; che se anche soffriamo possiamo restare liberi dal maligno, cioè dalle divisioni, dall'odio, dall'incapacità di perdonare, di accogliere l'altro chiunque egli sia.

Possa nascere un'era nuova di fraternità e di pace e che anche i piccoli semi di unità tra oriente e occidente che oggi gettiamo nell'Agape, nell'amore di Cristo Gesù, possano vincere il mondo; in noi e attorno a noi perché in tutti torni la gioia. A Dio che ci ha convocati qui oggi per un suo misterioso disegno, a Lui che ci permette di veder nascere cose sempre nuove anche dove tutto sembra perduto, a Lui la potenza e la gloria per tutti i secoli dei secoli. Amen!

Fu Padre Sergio a farmi presente la difficoltà delle comunità greco-cattoliche della Transcarpazia.

È noto il fatto che durante il regime sovietico, soprattutto in alcune zone, le comunità greco-cattoliche erano state costrette o a passare all'ortodossia o a subire dure persecuzioni. Le chiese divennero di proprietà delle comunità ortodosse; in Ukraina parliamo di centinaia di parrocchie e migliaia di persone costrette ad abbandonare la loro unione con la chiesa cattolica e le loro tradizioni.
L'uniatismo, che già in passato era stato motivo di sofferenze e persecuzioni -talvolta in entrambe le direzioni- era tornato ad essere segno di una frattura non risanata e di nuovo dolore. I greco-cattolici volevano indietro le chiese costruite dai loro padri o da loro stessi; nel frattempo in quelle chiese gli ortodossi -alcuni senza colpa- avevano pregato, avevano ricevuto i sacramenti: rinunciare non era indolore.
In uno dei paesi dell'Archimandria di San Basilio la comunità celebrava la Liturgia nella sala d'attesa di una stazione ferroviaria in parte dismessa. Avevano iniziato a costruire una nuova chiesa ma non avevano fondi a sufficienza per finire i lavori.
Costruire una chiesa nuova non era solo una nuova dotazione immobiliare ma un gesto di riconciliazione e di superamento di inutili, anzi dannose, tensioni. Fu la nostra Diocesi a provvedere al completamento del tetto e fu concessa a me la gioia di partecipare alla consacrazione della chiesa concelebrando con il Vescovo Milan[28] Shashik e l'onore di aspergere le pareti e i fedeli radunati numerosissimi per l'evento. Anche questo incontro fu motivo di crescita ed esperienza anche grazie ai giorni passati su quella terra di confine con la guida paterna e sapiente del Vescovo di Mukacevo.

---

[28] S.E.R. MONS. MILAN SHASHIK, (Lehota -Slovacchia- 1952). Nel 2002 Giovanni Paolo II lo ha nominato vescovo titolare di Bononia e amministratore apostolico *ad nutum Sanctae Sedis* dell'eparchia di Mukačevo. Nel 2010 Benedetto XVI lo ha nominato vescovo eparchiale di Mukačevo.

Dialogo con la chiesa metodista-valdese

> *Le Chiese e Comunità ecclesiali che, o in quel gravissimo sconvolgimento incominciato in Occidente già alla fine del medioevo, o in tempi posteriori si sono separate dalla Sede apostolica romana sono unite alla Chiesa cattolica da una speciale affinità e stretta relazione, dovute al lungo periodo di vita che il popolo cristiano nei secoli passati trascorse nella comunione ecclesiastica.*
> *Ma siccome queste Chiese e Comunità ecclesiali per la loro diversità di origine, di dottrina e di vita spirituale, differiscono non poco anche tra di loro, e non solo da noi, è assai difficile descriverle con precisione, e noi non abbiamo qui l'intenzione di farlo.*
> *Sebbene il movimento ecumenico e il desiderio di pace con la Chiesa cattolica non sia ancora invalso dovunque, nutriamo speranza che a poco a poco cresca in tutti il sentimento ecumenico e la mutua stima. (UR 19)*

In questo libro troviamo molte volte scritto: “per la prima volta...”.

Tra queste prime volte c’è l’incontro se pur informale tra me, in quanto incaricato della Diocesi, e la pastora della comunità metodista, Carmen Trobia.[29]

Entrai in punta di piedi guardandomi attorno in un tempio che non avevo mai visto prima e senza conoscere le abitudini di chi lì si ritrova per pregare; ne osservai l’architettura semplice, le panche di bella fattura molto più lavorate rispetto a quelle delle nostre chiese; i numeri dei canti in un’apposita lavagna mentre dall’altra parte le citazioni dei testi biblici probabilmente di un culto del recente passato. Al centro niente altare ma un pulpito in pietra con davanti, aperta, una grande Bibbia. Subito si aprì

---

[29] PASTORA CARMEN TROBIA CETERONI, (1930). prima donna pastore nella chiesa metodista italiana consacrata nel 1967 assieme a Gianna Sciclone. Pastora a Carrara dal 1986 al 1996 mentre il marito era pastore a La Spezia. Insieme hanno svolto la maggior parte del loro ministero pastorale in Germania, e il ministero a Carrara e La Spezia è stato il loro ultimo prima di diventare "pastori emeriti".

una delle due porte in legno e mi venne incontro con cordialità. Fu un breve incontro ma rese quel luogo non più sconosciuto. Non ci rivedemmo perché poco dopo fu trasferita, ma ci scambiammo qualche biglietto, degli auguri, le riviste e i giornali delle nostre comunità. Questo incontro aprì la strada a quelli futuri. Mi scrisse che sarebbe arrivato un nuovo pastore, giovane; forse aveva bisogno di trovare una casa e avremmo potuto dargli una mano. Fu anche questa una prima volta: la prima volta che gioivamo nel poter chiedere e fare qualcosa gli uni per gli altri.

Questa attenzione di Carmen verso il suo successore fece sì che ci trovassimo e conoscessimo subito diventando amici con Marco Gisola[30].

Fu subito una terza "prima volta che..." perché per la prima volta oltre a noi si incontrarono le nostre comunità[31].

---

[30] PASTORE MARCO GISOLA, (Torre Pellice 1967). Pastore della Chiesa Valdese sposato con Francesca Giaccone ha studiato presso la Facoltà Valdese di teologia di Roma e poi un anno presso la Facoltà di teologia evangelica di Marburg (Germania). È stato pastore a Carrara dal 1996 e successivamente a Ivrea, Aosta, Pinerolo; oggi è pastore delle comunità di Biella, Piedicavallo e Chivasso.

[31] COMUNITA' METODISTA DI CARRARA. La presenza di una comunità evangelica a Carrara risale al 1864, anno in cui Francesco Valentini, ex sacerdote cattolico divenuto protestante, si avvicinò agli ambienti della Chiesa Cristiana libera, iniziando una profonda e capillare opera di evangelizzazione. Dopo una prima esperienza nella piccola frazione di Torano la sua opera si portò nella città di Carrara. Impegnato a migliorare le condizioni di vita dei tanti operai impiegati nell'estrazione e nella lavorazione del marmo, Valentini trasformò la sua casa in un piccolo locale di culto.

Nel 1904 la comunità decise di unirsi ufficialmente alla Chiesa metodista. Negli anni Venti, grazie all'opera dell'architetto Carlo Vianello, fu portata a termine la costruzione del luogo di culto in stile neoclassico. L'arrivo del pastore Lodovico Vergnano a Carrara, nel 1925, rafforzò ulteriormente la vita della comunità, che proprio in quegli anni poté contare anche sull'opera di un altro personaggio: Jacopo Lombardini.

Nato nel 1893 a Gragnana, una piccola frazione del comune di Carrara, egli studiò per diventare insegnante. Convertitosi al protestantesimo nel 1921, si avvicinò alla comunità metodista diventando predicatore e compiendo in seguito gli studi alla Facoltà valdese di teologia a Roma.

III. DALLA CONOSCENZA TRA I PASTORI AL DIALOGO DELLE COMUNITA’

Dialogo con la chiesa metodista

Ciò che unisce

> *Innalzato sulla croce e glorificato, il Signore Gesù effuse lo Spirito promesso, per mezzo del quale chiamò e riunì nell'unità della fede, della speranza e della carità il popolo della Nuova Alleanza, che è la Chiesa, come insegna l'Apostolo: «Un solo corpo e un solo Spirito, come anche con la vostra vocazione siete stati chiamati a una sola speranza. Un solo Signore, una sola fede, un solo battesimo». Poiché «quanti siete stati battezzati in Cristo, vi siete rivestiti di Cristo... Tutti voi siete uno in Cristo Gesù». Lo Spirito Santo che abita nei credenti e riempie e regge tutta la Chiesa, produce questa meravigliosa comunione dei fedeli e li unisce tutti così intimamente in Cristo, da essere il principio dell'unità della Chiesa. Egli realizza la diversità di grazie e di ministeri, e arricchisce di funzioni diverse la Chiesa di Gesù Cristo «per rendere atti i santi a compiere il loro ministero, affinché sia edificato il corpo di Cristo». (UR 2)*

L’arrivo del pastore Marco Gisola a Carrara, che coincise con l’ingresso del nuovo parroco nella parrocchia di San Ceccardo nel cui territorio il tempio metodista si trova, consentì un cambiamento radicale nelle relazioni che finalmente divennero non più di tipo apicale ma tra le due comunità. Iniziammo così a preparare insieme la Settimana di preghiera per l’unità dei cristiani. Le iniziative della Settimana non furono più momenti della Diocesi che invitava qualcuno a parlare o a pregare insieme, ma l’incontro tra due comunità cristiane, i loro pastori e i loro fedeli.[32]

---

[32] Nonostante l’esperienza capita ancora assai spesso che si cada nella semplificazione di pensare un’iniziativa in modo unilaterale alla quale eventualmente invitare anche gli

Nel 1997 per la prima volta in Duomo a Carrara si tenne una veglia di preghiera dove parteciparono le due comunità; pregare insieme, cantare insieme scoprendo -come in teoria si sapeva- che molto più è ciò che unisce rispetto a ciò che divide sarebbe stato da quel momento il *metodo* per vivere, se pur nella semplicità di una realtà piccola, il cammino ecumenico.
Una prima decisione fu di non incontrarsi solo per la Settimana di preghiera, poiché il cammino di unità sarebbe stato solo celebrativo, bensì di portare l'impegno di dialogo durante tutto l'anno. Nacque così un piccolo gruppo ecumenico di persone che mensilmente si ritrovavano per confrontarsi, per organizzare, ma soprattutto per approfondire i temi dell'unità e ascoltare la Parola, punto di incontro e riferimento sicuro di comunione tra i cristiani.
Una seconda decisione fu quella di non limitare la Settimana di preghiera ad un incontro più o meno importante e solenne. Si iniziò così, ora a San Ceccardo, ora presso il tempio metodista, a incontrarsi tutti i giorni della Settimana di preghiera per leggere insieme i testi suggeriti dal sussidio, confrontarsi, pregare, non escludendo, nella Settimana o durante l'anno, anche qualche momento di convivialità e condivisione meno impegnativo per la semplice gioia di ritrovarsi insieme.
Restava fermo che ogni comunità potesse organizzare anche momenti propri di preghiera; ormai però il lavoro insieme era diventato la modalità per condurre l'ecumenismo.
Nel 1998 per la prima volta un pastore protestante, Marco Gisola, predicava nella Chiesa Cattedrale a Massa mentre sarebbe toccato a me l'onore e la responsabilità di essere il primo prete cattolico a predicare nel

---

altri. Ovviamente è cosa più che legittima, tuttavia esula da un vero metodo ecumenico: se si vuol fare qualcosa insieme bisogna iniziare a pensarlo insieme sin dal principio!

tempio metodista. La predicazione del Pastore, sul testo di Romani 8, 14-27, mi pare sia bello riportarla per intero avendone conservato il testo non solo per la novità dell'avvenimento ma anche per cogliere nelle parole di un giovanissimo pastore sintonia e diversità di vedute, slancio spirituale e chiarezza di idee:

Cari sorelle e fratelli,
il passo su cui siamo chiamati a riflettere oggi è la parte centrale di questo brano della lettera di Paolo ai romani, laddove si parla del gemito della creazione, e quindi anche del nostro gemito, in attesa della redenzione futura, in attesa cioè del regno di Dio. Potremmo dire che davanti a Dio e al suo regno, la nostra intera esistenza sia un gemito, un tentativo di dire, di esprimere qualcosa che non riusciamo ad esprimere, un tentativo di fare qualcosa che non riusciamo a fare.
Anche la nostra preghiera per l'unità dei cristiani fa parte di questo gemito, essa stessa non è nulla più che un gemito che noi eleviamo a Dio; è un modo di esprimere un nostro desiderio o un nostro bisogno, modo che risente della nostra debolezza, della nostra incoerenza e incostanza -quante volte abbiamo detto o pensato che una settimana all'anno non è sufficiente, che dovremo incontrarci più spesso intorno alla parola del Signore?
Grazie a Dio, anche per questo vale la promessa di Paolo dove dice: "Io ritengo che le sofferenze del tempo presente, non sono paragonabili alla gloria che deve essere manifestata a nostro riguardo", cioè che la nostra realtà attuale, il nostro gemito attuale, non è nemmeno paragonabile a ciò che aspetta nel regno di Dio.

La promessa che quello che ci aspetta è infinitamente più grande di ciò che abbiamo ora, riguarda anche l'unità dei cristiani; credo sia chiaro per tutti: nel regno di Dio non vi saranno più né protestanti, né cattolici, né ortodossi, e non vi saranno più né pastori, né sacerdoti, né laici, né vescovi, né papi, né presidenti, né commissioni ecumeniche, niente di tutto ciò. Ma saremo tutti figli di Dio. Paolo lo dice chiaramente: "tutti quelli che sono guidati dallo Spirito di Dio, sono figli di Dio". Ovviamente figli e figlie di Dio.

Il testo che guida la nostra settimana di preghiera di quest'anno parla dello Spirito; e l'unità dello Spirito consiste nell'unità dei figli e delle figlie di Dio. Questa unità fa parte della gloria che deve essere manifestata, che è infinitamente più grande di ciò che abbiamo ora e che è infinitamente più grande anche di ciò che possiamo costruire ora da noi stessi. Davanti a noi abbiamo la salvezza promessa, il regno promesso, quindi anche l'unità promessa, l'unità dei figli e delle figlie di Dio. Ma ora, la nostra preghiera e la nostra vita non sono nulla più che gemiti. E siamo capaci di dirigere, di indirizzare i nostri gemiti verso questa unità? Abbiamo iniziato un cammino insieme, è il secondo anno che celebriamo insieme la settimana di preghiera per l'unità dei cristiani; stiamo facendo un percorso insieme. Ma qual è la direzione di questo cammino, qual è la meta che ci prefiggiamo? Quali intenzioni vogliamo esprimere con la nostra preghiera? È l'unità dei figli e delle figlie di Dio? Perché se la nostra meta è qualcos'altro rispetto all'unità dei figli e delle figlie di Dio, i nostri sforzi rischiano di essere inutili, la nostra preghiera rischia di essere inascoltata, perché l'oggetto di ogni nostra preghiera deve essere la volontà di Dio.

E, dal momento che l'unità è l'unità dello Spirito, la nostra preghiera deve essere quella di chiedere allo Spirito di insegnarci ad ascoltare sempre attentamente la Parola di Dio e di dirigere le nostre preghiere verso quella volontà; anche per quanto riguarda l'unità. Forse è proprio questo il compito che ci sta ora davanti: cercare di capire insieme per quale unità vogliamo pregare e lavorare.

L'unità per la quale preghiamo e lavoriamo non sarà mai l'unità dei figli di Dio; quell'unità non esiste nemmeno all'interno delle nostre chiese stesse. L'unità dei figli di Dio ci sarà data, insieme a molte altre benedizioni, quando Cristo instaurerà il suo regno. Ma a quella unità dobbiamo guardare nei nostri rapporti, a quella unità dobbiamo orientare le nostre preghiere e il nostro impegno concreto, come singoli, come comunità locali e come chiese.

L'unità dei figli di Dio sarà raggiunta nel suo regno, quando lo Spirito ci trasformerà completamente, ma anche solo la ricerca dell'unità e il confronto richiedono la nostra trasformazione. E qui molto dipenderà da quanto saremo disposti a metterci in gioco. Infatti proprio come nel regno di Dio saremo tutti trasformati in figli e figlie di Dio, così anche la preghiera e la ricerca comune richiede una trasformazione, quella che la Bibbia chiama "conversione".

E per realizzare qualche frammento di questa unità non dovranno cambiare solo le persone, non solo i singoli credenti, ma le chiese nel loro insieme. Per questo è necessario essere disposti a mettersi in questione; per fare un esempio, il cammino verso l'unità passa inevitabilmente attraverso le nostre diverse comprensioni della cena del Signore, che ora ci dividono mentre la cena del Signore è il simbolo per eccellenza della comunione.

Se da un lato la nostra preghiera e il nostro confronto non sono altro che gemiti, rispetto alla piena unità e comunione che ci aspetta nel regno di Dio, d'altro lato, se veramente guardiamo a "quella" unità, non possiamo non puntare molto in alto e quindi chiedere molto a noi stessi e alle nostre chiese, con il rischio anche di non trovarci d'accordo su molte cose. D'altra parte, se così non fosse, non dovremmo cercare l'unità perché l'avremmo già.

L'unità che noi cerchiamo è l'unità dello Spirito, quello Spirito che un giorno ci trasformerà in figli e figlie di Dio e che ci unirà nel suo regno. E se siamo qui oggi è perché crediamo che la confessione di fede in Gesù Cristo come unico Signore, la preghiera nel suo nome e l'annuncio della parola di Dio siano frutto dello Spirito e come tali ci permettano di iniziare il cammino verso la ricerca dell'unità.

"La creazione aspetta con impazienza la manifestazione dei figli di Dio", dice Paolo; questa manifestazione non dipende dalla nostra volontà, ma dalla volontà di Dio. Dalla nostra volontà dipende il fatto se vogliamo orientare i nostri gemiti, per usare di nuovo questa parola di Paolo, verso questa volontà di Dio, cioè se vogliamo orientare la nostra preghiera per l'unità, il nostro confronto e la nostra vita intera verso la volontà di Dio.

Chiediamo al Signore che lo Spirito che guida i figli di Dio, che ci rende figli di Dio, eredi di Dio e coeredi di Cristo, trasformi i nostri gemiti in parole chiare e comprensibili, trasformi noi credenti e le nostre chiese secondo la volontà di Dio. Amen!

Il passo successivo di crescita nel lavoro del gruppo ecumenico fu quello di passare a proporre le tematiche del dialogo e della conoscenza reciproca itinerando in modo da coinvolgere ogni volta persone diverse nelle diverse comunità. Ci spostammo dunque una volta al mese da una parrocchia all'altra ogni volta trattando un tema diverso con l'intento di continuare il confronto tra cattolici e protestanti del gruppo ecumenico e, al contempo, coinvolgere altre persone nelle varie comunità sulle tematiche del dialogo e del cammino per la riconciliazione. Certamente per i protestanti il percorso fu più faticoso poiché ogni volta, ovviamente, veniva loro chiesto di presentarsi, di raccontarsi e spesso i fedeli erano più interessati a fare domande per capire cosa significasse essere protestanti o per chiarirsi idee confuse che avevano sul protestantesimo che non ad approfondire il brano biblico o il tema del giorno.

L'arrivo della nuova pastora, la giovane Caterina Dupré[33] purtroppo recentemente scomparsa, coincise con l'uscita di un importante documento frutto del lavoro delle chiese europee firmato a Strasburgo durante l'incontro svoltosi nell'aprile del 2001: la *Charta Ecumenica.*

Questo documento, redatto a seguito delle due Assemblee ecumeniche di Basilea (1989) e di Graz (1997) a cui anch'io ho partecipato come rappresentante della nostra Chiesa locale, esprime l'impegno delle Chiese verso una reciproca accoglienza, testimonianze e azioni comuni in una Europa unita se pur diversa; esso è simile ad una carta di navigazione che le Chiese devono e vogliono seguire per affrettare la traversata verso il

---

33 PASTORA CATERINA DUPRE', (1970-2015) Dopo aver condiviso in famiglia una pratica di vita evangelica associata all'impegno nella società (la mamma, Annemarie, per anni ha diretto il Servizio Rifugiati e migranti della Federazione delle chiese evangeliche in Italia), ha svolto i propri studi alla Facoltà valdese di Teologia. Pastora a Carrara e La Spezia (2001-2004) successivamente presso la chiesa valdese di Verona (2004-2009); dal 2009 è stata direttore del Centro Ecumenico Agape presso Prali (TO).

porto dell'unità visibile domandandosi: qual è il segreto della riconciliazione e la chiave per utilizzare nel migliore dei modi la *Charta,* strumento così importante?

La Charta divenne il filo conduttore dei nostri incontri itineranti per divulgare il messaggio ecumenico della riconciliazione che noi per primi accogliemmo rinnovando gli impegni già assunti come la Charta indicava:

> *Nel comune ascolto della parola di Dio contenuta nella Sacra Scrittura e chiamati a confessare la nostra fede comune e parimenti ad agire insieme in conformità alla verità che abbiamo riconosciuto, noi vogliamo rendere testimonianza dell'amore e della speranza per tutti gli esseri umani.*
>
> *Nel nostro continente europeo, dall'Atlantico agli Urali, da Capo Nord al Mediterraneo, oggi più che mai caratterizzato da un pluralismo culturale, noi vogliamo impegnarci con il Vangelo per la dignità della persona umana, creata a immagine di Dio, e contribuire insieme come chiese alla riconciliazione dei popoli e delle culture.*
>
> *In tal senso accogliamo questa Charta come impegno comune al dialogo e alla collaborazione. Essa descrive fondamentali compiti ecumenici e ne fa derivare una serie di linee guida e di impegni. Essa deve promuovere, a tutti i livelli della vita delle chiese, una cultura ecumenica del dialogo e della collaborazione e creare a tal fine un criterio vincolante. (ChO – introduzione)*

La Charta partendo dalla comune professione di fede nella Santissima Trinità e nella Chiesa una, santa, cattolica e apostolica proponeva alcuni punti di non ritorno che semplicemente richiamo:

- Annunciare insieme il Vangelo

- Andare l'uno incontro all'altro
- Pregare insieme e operare insieme; proseguire i dialoghi
- Contribuire a plasmare l'Europa e riconciliare popoli e culture
- Salvaguardare il creato
- Approfondire la comunione con l'ebraismo e curare le relazioni con l'islam

con la speranza che anche oggi si riesca a tradurre ciascuno di questi punti in scelte concrete, condivise e maturate anche dalle difficoltà che i primi anni del millennio ci hanno proposto, su questi argomenti, in modo forse inaspettato e pressante.

Ciò che divide

> *Bisogna però riconoscere che tra queste Chiese e Comunità e la Chiesa cattolica vi sono importanti divergenze, non solo di carattere storico, sociologico, psicologico e culturale, ma soprattutto nell'interpretazione della verità rivelata. Per poter più facilmente, nonostante queste differenze, riprendere il dialogo ecumenico, vogliamo qui mettere in risalto alcuni elementi, che possono e devono essere la base e il punto di partenza di questo dialogo. (UR 19)*

Avevamo sperimentato che molto è quello che unisce. Su quello c'eravamo trovati abbastanza d'accordo. Sapevamo tuttavia che su alcuni punti, non certamente marginali, si fondavano le divergenze dottrinali e spirituali delle nostre chiese. Decidemmo dunque di concentrarci su questi aspetti con un obiettivo preciso: la conoscenza che avevamo l'uno dell'altro era fondata su quanto avevamo studiato sui libri, su informazioni e dibattiti appartenenti ad altri, talvolta ad altri tempi. Volevamo ora conoscere la dottrina, le convinzioni, le sofferenze, i disagi reciproci ascoltandoli dalla voce di chi su queste ha basato la propria vita e la propria esistenza. Iniziammo così ad approfondire ciò che ci divide; avevamo imparato abbastanza bene un certo metodo di dialogo. Imparato ad ascoltare, a non aver fretta di arrivare a conclusioni, a non aver la pretesa di convincere l'altro a partire dalla nostra visione. Fu così possibile mettere a tema alcuni punti "caldi" quali: la Cena del Signore e l'Eucaristia; il Papa, la gerarchia e i ministeri; il culto mariano; i Sacramenti; la diversa concezione di Chiesa; le diverse visioni dell'etica. La sfida portò buoni risultati soprattutto nel raggiungimento dell'obiettivo che ci eravamo prefissi; ascoltarci reciprocamente ci aiutò a cogliere aspetti che non immaginavamo, rafforzò il rispetto reciproco, fece emergere alcuni pregiudizi che furono sfatati. Soprattutto ci convinse che potevamo lodare il Signore di averci consentito di sperimentare come il dialogo e la fraternità fossero davvero una necessità senza la quale rischiavamo di camminare invano.

La difficoltà di questo itinerario fu il suo inserimento nel percorso di visita alle parrocchie e comunità sempre diverse dove chi arrivava per la prima volta e non aveva mai avuto occasioni di confronto con visioni così diverse rischiava di non comprendere in modo adeguato la discussione, nonostante venisse posta in modo semplice e tutt'altro che polemico.

L'incontro più delicato fu quello sulla devozione mariana sia per il contesto sia per la particolare sensibilità di alcune persone che non comprendendo il senso del confronto faticarono ad inserirvisi; la polemica che ne nacque fu tuttavia moderata e rispettosa rivelando anch'essa una sua utilità.

Crisi per il Giubileo

Allo stesso tempo la fede cattolica va spiegata con maggior profondità ed esattezza, con un modo di esposizione e un linguaggio che possano essere compresi anche dai fratelli separati. Inoltre nel dialogo ecumenico i teologi cattolici, fedeli alla dottrina della Chiesa, nell'investigare con i fratelli separati i divini misteri devono procedere con amore della verità, con carità e umiltà. Nel mettere a confronto le dottrine si ricordino che esiste un ordine o «gerarchia» nelle verità della dottrina cattolica, in ragione del loro rapporto differente col fondamento della fede cristiana. Così si preparerà la via nella quale, per mezzo di questa fraterna emulazione, tutti saranno spinti verso una più profonda cognizione e più chiara manifestazione delle insondabili ricchezze di Cristo. (UR 11)

Nel 2000 il tema ecumenico risultò particolarmente urgente non solo perché il Santo Padre volle mettere in risalto la centralità dell'impegno in questo campo della vita ecclesiale, ma soprattutto perché il Giubileo portava a galla problemi irrisolti e ferite del passato.

A chi pensava il Giubileo come un anno di grandi celebrazioni e solenni festeggiamenti che quasi potessero mascherare i problemi, si presentava invece uno scenario completamente inaspettato. Il Giubileo infatti evidenziava immediatamente nel suo nascere le stonature, le divisioni, le ferite, le incomprensioni.

Il risvolto sul cammino ecumenico è stato immediatamente percepito nella sua gravità in particolare nelle relazioni tra la chiesa cattolica e le varie comunità evangeliche.

Motivo principale: le indulgenze, la porta santa -e in particolare il fatto che la Porta Santa di San Paolo fuori le mura venisse aperta proprio all'inizio della Settimana di Preghiera-. Il fatto poi che a chi partecipava alle Liturgie della Settimana di Preghiera fosse concessa l'indulgenza spinse le comunità evangeliche italiane a decidere di non partecipare ai momenti celebrativi non solo del Giubileo cattolico, cosa già decisa in precedenza, ma anche della stessa Settimana di preghiera di quell'anno.

Me lo comunicò ufficialmente il pastore Marco Gisola non senza un sincero dolore: *il Consiglio di Chiesa ha deciso di non partecipare a nessun incontro di preghiera. Certo non viene meno il rapporto di fraterna amicizia che si è creato in questi anni; potremo forse fare insieme un dibattito, ma non la preghiera.*

Nei giorni seguenti mi giungeva la lettera del Pastore Avventista delle due Comunità di Aulla e Monzone che risiede a La Spezia, Giampiero Vassallo[34] con il Comunicato congiunto di Avventisti, Battisti e Metodisti della Spezia con gli stessi contenuti: *Non possiamo far nostro il giubileo cattolico con la relativa prassi delle indulgenze che si basa sul cosiddetto 'tesoro dei meriti', poiché questa pratica per noi offusca il concetto di 'Giustificazione per sola fede' concetto biblico che evidenzia come l'essere umano è salvato non per i propri meriti, ma per la sola ed immeritata grazia di Dio in Cristo Gesù...Ci auguriamo che con la nostra iniziativa, seppur sofferta, si possa aprire, un momento di riflessione che aiuti a scrivere una nuova pagina nel libro del dialogo ecumenico.*

In realtà non accadeva niente di nuovo, soltanto che il Giubileo meglio evidenziava incomprensioni, differenze di teologia e linguaggio, fatica nell'ascoltarci reciprocamente.

Resta il fatto che per scelte non operate da noi ci trovammo ancora più lontani, con il rischio che la gente non addentro alle *nostre cose* non percepisse i fatti come un invito a riflettere meglio sul rapporto ecumenico, ma come un segnale di rottura e di retrocessione di un cammino dal quale non volevamo né potevamo ritirarci.

Scrivevo introducendo la Settimana: *L'importanza della preghiera diventa così più centrale ancora, visto che è l'unica cosa che possiamo fare anche se ognuno a casa propria. Il tema su cui riflettere e da cui attingere per la preghiera è tratto dalla lettera agli Efesini...Benedetto sia Dio che ci ha*

---

[34] ASTORE GIAMPIERO VASSALLO, (1968). Pastore della chiesa Avventista di La Spezia e incaricato per Aulla e Monzone negli anni '90, è oggi responsabile del dipartimento Affari Pubblici Libertà religiosa della Federazione avventista della Svizzera romanda e del Ticino.

benedetti in Cristo (1, 3-14). Non si tratta di una settimana di grandi iniziative, ma di un tempo di più intensa preghiera.

Le iniziative, comunque sia non mancarono: in Cattedrale a Massa ogni sera la Liturgia Eucaristica delle 18,30 fu dedicata al tema e la Settimana si concluse con una Veglia di Preghiera pensata sullo stile della Comunità di Taizé che vide coinvolti nella preparazione: Ufficio per l'Ecumenismo, Ufficio Pastorale Giovanile, Ufficio Pastorale Cultura, Azione Cattolica della nostra Diocesi. All'incontro oltre al Vescovo Mons. Eugenio Binini partecipò anche il Padre Gheorghij Blatinskij.

Anche con i metodisti ci ritrovammo; nel mese di febbraio una tavola rotonda, ci vide di nuovo insieme in occasione della Settimana della Libertà.

L'argomento del dibattito era estremamente importante e, diversamente dal solito, di ordine teologico. Luterani e cattolici, il 31 ottobre 1999 nella Città di Augusta, avevano firmato una dichiarazione comune sul tema della Giustificazione e proprio questo documento comune fu presentato nell'incontro tenutosi a Palazzo Ducale in Massa il 25 febbraio

Persino la preparazione al Giubileo del 2000 e la sua celebrazione fu un momento dove ciò che divide era emerso in modo forte fino al punto di riuscire a bloccare le nostre buone intenzioni e la nostra capacità di confronto.

Il 3 marzo 1999 si creò un primo momento di fatica nell'incontro organizzato a Palazzo Ducale in preparazione proprio al Giubileo: *religioni a confronto sul "giubileo biblico"*. Parteciparono alla tavola rotonda il responsabile della comunità ebraica di La Spezia, Adolfo Croccolo[35], Don Pietro Pratolongo[36], il Pastore Giuseppe Platone[37] e il Pastore Hanz Gutierrez[38].

L'intervento di Platone fu percepito come eccessivamente aggressivo e creò in tutti malumore sia per i toni che per i contenuti. Forse eravamo impreparati a sentirci snocciolare i vari punti di disaccordo compreso l'inquinamento dei bus che sarebbero andati a Roma e il danno erariale per lo Stato che avrebbe dovuto investire soldi pubblici per un evento meramente religioso.

In seguito all'evento scrissi un articolo sul nostro giornale diocesano dove esprimevo le mie perplessità e un certo disappunto. Il fatto innescò una corrispondenza tra me e il pastore Gisola molto franca e faticosa ma alla

---

[35] ADOLFO AHARON CROCCOLO, (La Spezia 1921). Durante la seconda guerra mondiale si trasferisce a Carrara dove prende parte alla lotta di liberazione nazionale prestando servizio presso le formazioni operaie di protezione impianti industriali. Nel marzo del 1945 viene arrestato a La Spezia e tradotto alla Caserma dell'ex 21° Reggimento Fanteria; grazie ad uno stratagemma riesce a fuggire evitando la deportazione in Germania. L'11 aprile 1945 Adolfo Aharon Croccolo prende parte alla Liberazione della città di Carrara. Terminata la seconda guerra mondiale, il 4 aprile del 1946 Adolfo Aharon Croccolo è uno degli organizzatori dell'esodo di più di mille ebrei che partono, in data 8 maggio 1946, dal porto di La Spezia con le navi "Fede" e "Fenice". È Ufficiante Onorario nella Comunità ebraica di La Spezia.

[36] DON PIETRO PRATOLONGO, (Genova 1955). Presbitero della Diocesi di Massa Carrara – Pontremoli, docente di Liturgia presso lo Studio Teologico Interdiocesano di Camaiore e Preside della Scuola Diocesana di Formazione Teologico-Pastorale della nostra Diocesi.

[37] PASTORE GIUSEPPE PLATONE, (Alessandria 1947). Pastore titolare della chiesa valdese di Milano. È stato pastore nelle Valli Valdesi, a New York, a Riesi, in Sicilia e ha diretto il Centro sociale "Servizio cristiano". Per sette anni ha diretto il settimanale dei valdesi, metodisti e battisti italiani «Riforma». All'epoca era Vicepresidente della Federazione della Chiese Evangeliche in Italia.

[38] PASTORE HANZ GUTIERREZ, Originario del Peru. Ha conseguito il Dottorato in Teologia, la laurea in Filosofia e la laurea in Medicina studiando a Strasburgo e Firenze. È stato Visiting Researcher nelle università di Tubinga (Germania) e Loma Linda (California, U.S.A.). È pastore della Chiesa Cristiana Avventista del 7° Giorno. È stato decano della facoltà avventista di teologia di Firenze dove da 18 anni è professore ordinario e coordinatore del dipartimento di teologia sistematica e anche titolare delle materie di bioetica e teologia della salute. È direttore del CECSUR (Centro Culturale di Scienze Umane e Religiose).

fine costruttiva e chiarificatrice che evitò si accendesse una inutile polemica di botta e risposta giornali, ma soprattutto ci fece uscire dalla situazione più uniti e amici di prima.

Anche il pastore Vassallo degli Avventisti mi scrisse una lettera che aprì un sereno confronto: "*desidero approfondire le ragioni del nostro rifiuto di partecipare alla settimana di preghiera per l'unità dei cristiani. Non lo faccio per spirito di polemica ma perché desidero che tu comprenda meglio quello che penso e credo. Cercherò di essere il più chiaro e preciso possibile onde evitare equivoci e incomprensioni. Abbi la pazienza di leggere e da parte mia ti assicuro di fare altrettanto quando mi risponderai. Credo che così potremo dialogare seriamente sui motivi dei nostri dissensi.*"

Tre giovani "pastori" uscimmo da un momento di difficile crisi e confronto sicuramente cresciuti umanamente e spiritualmente nella capacità di dialogo.

Falò e Giornata della libertà

> *Un elemento fondamentale della dottrina cattolica, contenuto nella parola di Dio e costantemente predicato dai Padri, è che gli esseri umani sono tenuti a rispondere a Dio credendo volontariamente; nessuno, quindi, può essere costretto ad abbracciare la fede contro la sua volontà. Infatti, l'atto di fede è per sua stessa natura un atto volontario, giacché gli esseri umani, redenti da Cristo Salvatore e chiamati in Cristo Gesù ad essere figli adottivi, non possono aderire a Dio che ad essi si rivela, se il Padre non li trae e se non prestano a Dio un ossequio di fede ragionevole e libero. È quindi pienamente rispondente alla natura della fede che in materia religiosa si escluda ogni forma di coercizione da parte degli esseri umani. E perciò un regime di libertà religiosa contribuisce non poco a creare quell'ambiente sociale nel quale gli esseri umani possono essere invitati senza alcuna difficoltà alla fede*

cristiana, e possono abbracciarla liberamente e professarla con vigore in tutte le manifestazioni della vita. (DH 10)

Ricordiamo tutti con grande gioia ed affetto il periodo del servizio pastorale di Caterina Dupré durante il quale fu introdotto il segno del *falò*[39] in occasione delle celebrazioni per la Giornata della libertà. Non so se in tempi passati questo gesto fosse compiuto. È certo che attorno a quel fuoco trascorremmo serate ricche di fraternità dove prima ancora delle riflessioni teologiche e delle parole parlavano il canto, la preghiera, lo stare insieme nella consapevolezza di un passato di sofferenza ma, al contempo, di un impegno comune per la libertà: libertà delle persone nell'espressione del loro pensiero e della loro cultura, libertà religiosa, libertà da costrizioni che, pur in modo diverso rispetto al passato, anche ai nostri giorni posso condizionare, obnubilare o addirittura coartare le coscienze. Per un certo periodo l'esperienza dell'annuale fuoco della libertà continuò anche sotto il ministero pastorale di Letizia Tomassone[40]; non posso tuttavia negare di portare sempre nel cuore la freschezza e la forza delle prime esperienze forse, non so, anche per il ricordo della prematura scomparsa di Caterina. Di queste due donne teologhe, pastore, sorelle nella fede debbo dire che, pur talvolta non condividendone il pensiero, ho ammirato il fuoco

[39] È consuetudine che la sera del 16 febbraio nei villaggi e nelle borgate delle Valli valdesi si accendano dei fuochi di gioia in ricordo della firma delle "Lettere Patenti" con le quali il Re Carlo Alberto nel 1848 concedeva per la prima volta nella storia del Piemonte i diritti civili alla minoranza valdese e, qualche giorno dopo, anche alla minoranza ebraica.
Il giorno dopo in ognuna delle Chiese delle Valli viene celebrato un culto di ringraziamento.

[40] PASTORA LETIZIA TOMASSONE, (Torino 1957). Ha studiato presso la Facoltà Valdese di Teologia a Roma dove oggi è docente incaricata di "Studi femministi e di genere". Pastora di Carrara e La Spezia dal 2004 al 2014 è stata Vicepresidente della Federazione delle Chiese evangeliche in Italia; attualmente svolge il ministero pastorale presso la Chiesa Evangelica Valdese di Firenze.

interiore, il coraggio nell'affermazione dei principi di libertà, la chiarezza nelle idee unita alla capacità di comunicarle.

Ricordo un giorno, parlando del mondo protestante, la Tomassone disse: "siamo pochi e ben divisi"; pensando tuttavia alle due pastore non posso invece che dire: "poche idee ma ben condivise"; non poche perché fossero a corto di idee, bensì poche perché su quei fondamentali punti si concentrava il loro forte impegno e la loro capacità di essere profondamente uniti nel sostenerli.

Di seguito una delle sue predicazioni:

> *Immaginiamo di essere tra le vicine di casa della vedova del profeta. La conosciamo da prima, fa parte della comunità, lei con il marito. I figli hanno giocato e sono cresciuti con i nostri figli. Ora vengono venduti come schiavi e noi non sappiamo fare nulla. La donna ha perso il marito. Abbiamo preso parte al funerale e pianto con lei. I primi giorni le abbiamo portato del cibo cucinato perché potesse vivere il suo lutto. Poi però non ci siamo preoccupati di come sarebbe proseguita la sua vita. I debiti lasciati dal marito sono cosa privata, non vogliamo né possiamo essere coinvolti. Ora lei viene a chiederci dei vasi vuoti. Un profeta, maestro di profeti, ci mostra la via della solidarietà e della vicinanza. Più vasi le daremo più lei potrà riempirne, riscattando così il debito e la vita dei suoi figli. Lei sta lottando per un futuro migliore e il profeta le mostra la pratica di relazioni di vicinato in cui gli altri sono una risorsa.*
>
> *Il racconto ha degli aspetti tipici della fiaba popolare (l'olio che non viene meno) e contiene interessanti nodi profetici: Dio è un Dio dell'abbondanza, come emerge anche dal racconto della moltiplicazione dei pani e del grano. È un Dio che non accetta la*

pratica ingiusta della schiavitù per debiti. È il Dio che apre un futuro diverso ai due ragazzi, permettendo loro di studiare e trovare un mestiere, di vivere la loro vita da uomini liberi, non gravati da un debito che li incatena. È il Dio che ascolta la richiesta di giustizia della vedova, che non vuole la rassegnazione dei poveri ma apprezza la capacità di esprimere la propria richiesta. Anche Gesù userà la figura della vedova, l'ultimo livello nella società di allora, come modello per il credente: la preghiera allora diventa chiarezza nell'analisi della giustizia. La condizione della vedova diventa la misura su cui valutare l'ingiustizia strutturale della società. Il pensiero sul futuro dei suoi figli ci parla di un Dio attento alle generazioni future. I testi che abbiamo letto contengono dunque delle illustrazioni su cosa vuol dire essere comunità: la condivisione e la capacità di avere visione. E contengono anche considerazioni sul potere. Nella parabola di Gesù il giudice cede alla richiesta di far giustizia per un vantaggio personale. "Non sia così tra voi" sembra dire ancora una volta Gesù, perché il Dio che vi chiama mette la vita delle persone in primo piano e la giustizia nell'amore guida il suo agire. E il pane che viene distribuito da Eliseo perché la gente ne mangi è in origine un dono liturgico, un'offerta al sacerdote e all'altare. Il profeta vede il bisogno della gente e non ha dubbi che quel pane e quel grano devono servire a sfamare la gente e non ad arricchire il clero. La liturgia trova il suo limite nella vita reale. È al servizio della vita reale e quando la richiesta di giustizia si fa forte non è più tempo di preghiera, ma di azione e condivisione generosa.

Ora noi rispondiamo un po' a tutti questi personaggi: siamo le vicine di casa che sono forzate a entrare in una relazione di solidarietà meno superficiale nei confronti della vedova. Più noi saremo generose e risponderemo alla sua domanda di aiuto, più ne scaturirà libertà per lei e i suoi figli. Siamo anche il profeta che deve decidere tra una fedeltà alla religione e alle sue regole liturgiche e la risposta ai bisogni della gente. La chiesa è tale se sa far scomparire se stessa per darsi al mondo. E siamo anche la vedova che non cessa di reclamare giustizia. Nell'antichità questa era una figura ricorrente, necessaria per restituire equilibrio a una società sbilanciata verso i poteri forti. Dio ascolta la vedova, è dalla sua parte. Così noi dobbiamo dar voce alla richiesta di giustizia da parte dei più deboli in questa società. Dio apre per loro e per noi un futuro di libertà che si basa sulla condivisione generosa nel presente.[41]

Sia dunque come un fuoco che divampa improvviso a rischiarare e riscaldare la notte il messaggio che annuncia la nostra comunione in Cristo; come un fuoco che brilla non per i soliti usi ma per comunicare, anche a chi è lontano, un messaggio di salvezza, quello di Cristo: in Lui la nostra pace, in lui la nostra libertà.

Dialogo con la chiesa ortodossa

> *A questo riguardo, si deve innanzitutto constatare, con particolare gratitudine alla Provvidenza divina, che il legame con le Chiese d'Oriente, incrinato durante i secoli, si è rinsaldato con il Concilio Vaticano II. Gli osservatori di queste Chiese presenti al Concilio, assieme a rappresentanti delle Chiese e Comunità ecclesiali d'Occidente, hanno manifestato pubblicamente, in un momento così solenne per la Chiesa cattolica, la comune volontà di ricercare la comunione.*

[41] Predicazione sul testo di: 2Re 4, 1-7. 42-44 e Luca 18, 1-8

Il Concilio, da parte sua, ha considerato con oggettività e con profondo affetto le Chiese d'Oriente, mettendo in rilievo la loro ecclesialità e gli oggettivi vincoli di comunione che le legano alla Chiesa cattolica. Il Decreto sull'ecumenismo afferma: "Per mezzo della celebrazione dell'Eucaristia del Signore in queste singole chiese la Chiesa di Dio è edificata e cresce", aggiungendo, di conseguenza, che tali Chiese "quantunque separate, hanno veri sacramenti e soprattutto in forza della successione apostolica, il Sacerdozio e l'Eucaristia, per mezzo dei quali restano ancora unite con noi da strettissimi vincoli" (UUS 50)

Della Chiesa Ortodossa c'era qualche fedele nel territorio della Diocesi ma nessuna comunità organizzata, nessun prete vicino. Uno greco a Genova, un altro, sempre greco, a Livorno che veniva però da Venezia, uno romeno a Firenze impossibilitato a muoversi e Padre Gheorghij che all'occorrenza era disponibile anche a venire a Massa. Al massimo riuscivamo a garantire di andare a prendere e predisporre il necessario per il Battesimo dei bambini.

Non smisi mai tuttavia di tessere relazioni e compiere piccoli gesti di ospitalità; quello che sembrava un lavoro invisibile e forse inutile evidentemente non lo era del tutto; verso la fine del 2002 da Genova mi chiamò Padre Sorin Filip[42] della Chiesa ortodossa romena per un incontro dove mi chiese se ritenessi utile e possibile iniziare a celebrare per gli ortodossi e a creare un punto di riferimento per la comunità di immigrati. Sapevo bene quanto questo fosse importante per la fede delle persone ed anche per il bene sociale poiché nel momento in cui in modo sano le persone si ritrovano e si associano si innescano meccanismi positivi e costruttivi. Mi resi subito disponibile e, col consenso del Vescovo,

---

[42] PADRE CONSTANTIN SORIN FILIP, (Cimpina -Romania- 1962). Arciprete della chiesa di San Demetrio a Genova e Decano per la Liguria della Diocesi Ortodossa Romena d'Italia.

mettemmo a disposizione la chiesa di San Giovanni Decollato in Piazza Mercurio a Massa per dare la possibilità di celebrare e di incontrarsi. All'epoca l'Italia, per la Chiesa ortodossa romena era un vicariato della Diocesi dell'Europa occidentale e meridionale con sede a Parigi. Il Metropolita Iosif decise di nominare un suo ausiliare come vicario per l'Italia.

La sorpresa fu nel momento in cui Padre Sorin mi chiamò per dirmi che il Vescovo avrebbe desiderato venire ad abitare nella nostra zona e chiedeva aiuto per trovare un luogo idoneo. La nostra Diocesi non aveva molte opportunità di ospitalità tuttavia trovammo che a Gavedo, nel comune di Mulazzo, era libera, anche se un po' in abbandono, la canonica della chiesa dei Santi Lorenzo e Donnino dove anni prima aveva vissuto un piccolo gruppo di monache passioniste. Il giovanissimo Vescovo venne subito a vedere il luogo: certamente isolato, silenzioso, vicino all'uscita dell'autostrada di Pontremoli. Mons. Siluan[43] decise non solo di accettare la proposta ma venne subito ad abitare nella canonica ex monastero iniziando a mettere a posto la casa con molta dignità e decoro, ma anche semplice povertà, mentre vi abitava con i suoi collaboratori. Era quasi Natale.

L'anno successivo per la prima volta potei partecipare alla Liturgia della Pasqua ortodossa senza dover viaggiare e spostarmi lontano. Fu proprio il Vescovo a presiedere la Veglia con una partecipazione di fedeli che non solo riempiva la chiesa ma anche parte della piazza.

---

[43] S.E.R. MONS. SILUAN, (Gura Râului provincia di Sibiu in Romania 1970) al secolo: Ciprian Nicolae ŞPAN. Laureato nel 1993 della Facoltà di Teologia Ortodossa di Sibiu ha poi seguito il corso di Dottorato all'Istituto di Teologia Ortodossa Saint-Serge a Parigi. Ordinato Vescovo nel 2001 dal 2004 è stato incaricato di seguire la chiesa Italiana dal Metropolita della Diocesi Ortodossa Romena dell'Europa Occidentale e Meridionale. Il 5 marzo 2008 è eletto come primo Vescovo della Diocesi Ortodossa Romena d'Italia.

Nel periodo successivo il Vescovo, come farebbe un parroco nonostante dovesse seguire le comunità di tutta Italia, non perdeva occasione per stare in mezzo alla gente per le strade di Massa, per incontrare e convocare passando di voce in voce il popolo rumeno che in provincia contava ormai alcune migliaia di unità. Fu così il momento di inviare un parroco per i rumeni massesi: inizialmente fu Padre Michele[44] quindi la comunità -che finalmente divenne una Parrocchia canonicamente costituita- fu affidata a Padre Armand[45].

La comunità ortodossa era cresciuta; fu necessario trovare una chiesa più grande da offrire alle loro necessità avendone la Chiesa cattolica disponibilità. Si scelse la chiesa del Suffragio a Carrara. Nell'ottobre 2010 venne collocata l'iconostasi, opera dell'iconografo Sorin Dimitrescu di Bucarest. Successivamente fu realizzato l'altare e consacrato da Mons. Siluan.

Il Vescovo nel frattempo trasferì, con l'erezione della Diocesi d'Italia, la sua sede a Roma. Un sacerdote tuttavia rimase a Gavedo continuando a far da punto di riferimento per gli ortodossi in Lunigiana finché la comunità si ritirò definitivamente dal monastero prima sede di Mons. Siluan.

Oggi in Diocesi ci sono due parrocchie, una a Massa e una a Carrara; il parroco di Carrara segue anche i fedeli ortodossi lunigianesi ospite per il culto ad Aulla e a Pontremoli in due nostre chiese utilizzate anche dalla comunità cattolica.

---

[44] PADRE MIHAI OANCEA, della Chiesa ortodossa rumena, oggi parroco della chiesa del Santo Gerarca Barlaamo di Moldavia in Alessandria, fu il sacerdote incaricato di seguire la nascente comunità di Massa per un breve periodo (fino al 24 novembre 2007).

[45] PADRE ARMAND BRATU, (Slatina - Romania 1975). Primo parroco della Chiesa ortodossa rumena sul nostro territorio; ha seguito prima la comunità a Massa dal 2007 quindi dal 2010 è stato nominato primo Parroco con l'erezione della Parrocchia a Carrara.

Dialogo con la chiesa avventista del 7° giorno

Noi rivolgiamo ora il nostro pensiero alle due principali categorie di scissioni che hanno intaccato l'inconsutile tunica di Cristo.
Le prime di esse avvennero in Oriente… Le altre sono sorte, dopo più di quattro secoli, in Occidente, a causa di quegli eventi che comunemente sono conosciuti con il nome di Riforma. Da allora parecchie Comunioni sia nazionali che confessionali, si separarono dalla Sede romana. …Queste varie divisioni differiscono molto tra di loro non solo per ragione dell'origine, del luogo e del tempo, ma soprattutto per la natura e gravità delle questioni spettanti la fede e la struttura ecclesiastica. Perciò questo santo Concilio, il quale né misconosce le diverse condizioni delle diverse Comunioni cristiane, né trascura i legami ancora esistenti tra loro nonostante la divisione, per una prudente azione ecumenica decide di proporre le seguenti considerazioni. (UR 13)

I fedeli Avventisti sono veramente pochi nel territorio della nostra provincia tuttavia hanno una comunità storica, quella di Monzone, dotata anche di un piccolo tempio in mattoni collocato lungo la ferrovia che percorrevo ogni mattina per recarmi a scuola durante il tempo delle superiori acquistando per me un che di familiare. Mai avrei pensato che sarei stato il primo prete cattolico ad entrarvi e predicare durante il culto del sabato.

Ho appreso solo di recente che Monzone fu agli onori delle cronache nazionali quando nel 1952 si celebrò un processo al responsabile locale della comunità avventista: Vinicio Luchicchia. Questi fu accusato di aver officiato un servizio di culto senza regolare autorizzazione. Difeso da Piero Calamandrei, noto giurista e Padre costituente, nel 1954 fu assolto creando un importante caso di giurisprudenza.

L'altra piccola comunità si trova ad Aulla dove tuttavia non c'è un tempio appositamente costruito per il culto. Il pastore non ha mai abitato nel nostro territorio e normalmente viene da La Spezia.

Ho mantenuto lo scritto dell'intervista che rivolsi al Pastore Giampiero Vassallo nel 1996 quando ebbi finalmente modo di conoscerlo di persona:

- Innanzitutto le chiedo la spiegazione del lungo nome di questa comunità.

"Chiesa cristiana: perché basa la sua fede e il suo insegnamento sulla Sacra Bibbia e accetta Gesù Cristo come Messia e Salvatore, come preannunciato nella profezia, nato da Maria Vergine per opera dello Spirito Santo, morto per espiare i peccati di tutti gli uomini, resuscitato, asceso in cielo, unico intercessore per tutti.

Avventista: perché crede nel secondo Avvento di Cristo, che ritornerà presto, per resuscitare i credenti defunti e conferire l'immortalità ai credenti ancora viventi che lo accettano.

Del Settimo Giorno: perché considera sacro ed osserva il 7° giorno della settimana, o Sabato, dedicandolo al riposo, al Culto e alle opere di bene. Ciò in ossequio al 4° comandamento del Decalogo, che dice: - Ricorda di consacrarmi il giorno di sabato; ...in esso non farai alcun lavoro...E farai così perché io, il Signore, ho fatto in quei giorni il cielo, la terra, il mare e tutto quel che contengono, ma poi mi sono riposato il settimo giorno; per questo ho benedetto il giorno di Sabato e l'ho consacrato a me."

- Ha citato il 4° Comandamento, che riferimento avete al Decalogo?

"Non solo il 4°, ma anche gli altri nove sono tuttora validi. Essi dirigono i credenti verso l'adorazione e l'amore di Dio e verso gli

uomini, che sono creati a Sua immagine e debbono essere amati come se stessi."

- Parlando dei sacramenti, fa riferimento soltanto a due:

"Il Battesimo: viene praticato per immersione e somministrato solo ai credenti che accettano personalmente Gesù come Salvatore e si impegnano di osservare tutti i Suoi insegnamenti. Il Battesimo segna l'ingresso ufficiale del credente nella Comunità."

La Santa Cena: costituisce il memoriale e il simbolo del sacrificio di Gesù Cristo. Pane azzimo e succo d'uva non fermentato sono rispettivamente simboli del corpo e del sangue del Salvatore. La compartecipazione dei fedeli al pane e al vino è preceduta dalla lavanda dei piedi, simbolo di umiltà, confessione e purificazione."

- Certo da queste parole sentiamo quanta vicinanza nella fede ci sia tra le nostre Comunità - in molte parole ci ritroviamo perfettamente -, ma anche le differenze non solo nelle sottolineature e nelle cose esteriori, ma anche nel modo di intendere la Chiesa e i sacramenti. Come vivono i singoli avventisti e le loro comunità?

"Gli Avventisti si autofinanziano, seguendo il principio biblico delle decime e delle offerte volontarie. Ogni credente si considera il depositario della vita, dei talenti, del tempo e dei beni che possiede, considerando proprietario il Creatore, dal quale ognuno dipende. Accettando con gioia il compito di essere solo l'amministratore di tutto ciò che ha, ogni credente diventa il canale attraverso il quale scorre la Grazia provvidenziale di Dio, sorgente di benedizione per tutte le creature e potente mezzo nelle mani di Dio per il compimento della Sua opera in attesa del Cristo che viene. Gli avventisti danno grande importanza all'uomo, nella sua dimensione

fisica, spirituale e sociale. Per questo hanno sviluppato una vasta Opera medico-sociale e missionaria, in tutto il mondo, specialmente nei Paesi in via di sviluppo, oltre a una attività editoriale molto intensa".

- Quanti sono e dove si trovano gli Avventisti?

"Nella nostra Provincia si trovano due piccole comunità, una ad Aulla più recente e una a Monzone dove la comunità ha anche un vero e proprio luogo di culto. Un unico Pastore segue assieme a queste comunità anche quella di La Spezia dove anche abita.
In Italia i membri battezzati sono 5327, con una popolazione totale di circa 25.000 persone (contando gli adolescenti e i simpatizzanti).
Nel mondo gli Avventisti sono 8.500.000 diffusi in 205 nazioni con una popolazione totale di circa 35.000.000 di credenti."

Il dialogo continuò fino a che il pastore Vassallo non lasciò la guida delle comunità della zona. Nel frattempo tenemmo anche nel loro piccolo tempio di Monzone uno dei nostri incontri itineranti ed un sabato partecipai al loro culto durante il quale potei predicare commentando i testi della Parola del giorno.
Con loro fu compiuto anche qualche gesto concreto di solidarietà per esempio rinunciando le chiese cattoliche del Comune di Fivizzano a richiedere contributi domandando che parte di quanto destinato dalla "Bucalossi" per gli oneri di urbanizzazione secondaria fosse utilizzato per i lavori al loro tempio. Lo stesso accadde successivamente per i lavori al tempio Metodista di Carrara.
Purtroppo con gli Avventisti negli ultimi anni si sono persi i contatti ecumenici.

Dialogo con gli ebrei

Scrutando il mistero della Chiesa, il sacro Concilio ricorda il vincolo con cui il popolo del Nuovo Testamento è spiritualmente legato con la stirpe di Abramo. Essa confessa che tutti i fedeli di Cristo, figli di Abramo secondo la fede, sono inclusi nella vocazione di questo patriarca e che la salvezza ecclesiale è misteriosamente prefigurata nell'esodo del popolo eletto dalla terra di schiavitù. Per questo non può dimenticare che ha ricevuto la rivelazione dell'Antico Testamento per mezzo di quel popolo con cui Dio, nella sua ineffabile misericordia, si è degnato di stringere l'Antica Alleanza, e che essa stessa si nutre dalla radice dell'ulivo buono su cui sono stati innestati i rami dell'ulivo selvatico che sono i gentili. La Chiesa crede, infatti, che Cristo, nostra pace, ha riconciliato gli Ebrei e i gentili per mezzo della sua croce e dei due ha fatto una sola cosa in se stesso. Inoltre la Chiesa ha sempre davanti agli occhi le parole dell'apostolo Paolo riguardo agli uomini della sua stirpe: «ai quali appartiene l'adozione a figli e la gloria e i patti di alleanza e la legge e il culto e le promesse, ai quali appartengono i Padri e dai quali è nato Cristo secondo la carne», figlio di Maria vergine.

Essa ricorda anche che dal popolo ebraico sono nati gli apostoli, fondamenta e colonne della Chiesa, e così quei moltissimi primi discepoli che hanno annunciato al mondo il Vangelo di Cristo. (NA 4)

Dopo una prima esperienza difficoltosa -o forse dovremmo dire: fallimentare- di dialogo con il mondo ebraico nel 1994 di cui parlerò più avanti, tentammo un altro approccio in modo da ascoltare dalla viva voce di chi la religione ebraica la vive, una conferenza di approfondimento sull'ebraismo. Invitammo così Rav. Giuseppe Momigliano [46] che,

[46] RAV. GIUSEPPE MOMIGLIANO, (Torino 1955). Ha conseguito la "Semikhà" alla Scuola Rabbinica Margulies Disegni di Torino nel 1985. È stato Vice-Rabbino di Torino dal 1985 al 1986, ed è Rabbino Capo di Genova dal 1986. Dal 2010 è Segretario dell'Assemblea dei Rabbini d'Italia.

all'interno del progetto pastorale della diocesi dedicato a contemplazione e nuova evangelizzazione, propose il tema: "La contemplazione nella preghiera ebraica".

Dal suo racconto emerse come: "*l'ebreo è un uomo proteso nel futuro, denso di significato esistenziale, perché è nel Messia, che deve arrivare, che si compie e trova significato l'essere umano. L'ebreo legge l'esodo, il pentateuco, i libri profetici come densi di quella domanda che deve ancora trovare risposta e che la troverà solo ed esclusivamente nel futuro, nell'avvento. La preghiera dell'ebreo è la richiesta della venuta del messia che redime e salva il popolo fedele e prediletto, che lo innalza e lo rende primo testimone della bontà del Signore*"[47]

Non sono mancate tuttavia altre occasioni di incontro soprattutto con il Sig. Croccolo il quale, nonostante l'età, non rifiutò mai di essere presente ai nostri incontri anche per ricordare il tempo trascorso a Carrara durante la seconda guerra mondiale e la sua lunga e saggia esperienza.

Neppure sono mancate occasioni informali di incontro con i pochi residenti nella nostra provincia appartenenti alla comunità ebraica in particolare in occasione dei corsi di formazione per gli infermieri organizzati dalla ASL su tematiche molto delicate ma anche molto quotidiane e pratiche: la visione delle religioni sul tema della donazione degli organi, la gestione del momento del lutto, alcune tematiche etiche inerenti le relazioni tra esperienza religiosa e gestione della cosa pubblica.

[47] VA 22/01/94

Il caso "San Domenichino"

> *Se autorità ebraiche con i propri seguaci si sono adoperate per la morte di Cristo, tuttavia quanto è stato commesso durante la sua passione, non può essere imputato né indistintamente a tutti gli Ebrei allora viventi, né agli Ebrei del nostro tempo.*
> *La Chiesa inoltre, che esecra tutte le persecuzioni contro qualsiasi uomo, memore del patrimonio che essa ha in comune con gli Ebrei, e spinta non da motivi politici, ma da religiosa carità evangelica, deplora gli odi, le persecuzioni e tutte le manifestazioni dell'antisemitismo dirette contro gli Ebrei in ogni tempo e da chiunque. In realtà il Cristo, come la Chiesa ha sempre sostenuto e sostiene, in virtù del suo immenso amore, si è volontariamente sottomesso alla sua passione e morte a causa dei peccati di tutti gli uomini e affinché tutti gli uomini conseguano la salvezza. Il dovere della Chiesa, nella sua predicazione, è dunque di annunciare la croce di Cristo come segno dell'amore universale di Dio e come fonte di ogni grazia. (NA 4)*

Il 17 gennaio 1990 si tenne la prima Giornata per il dialogo con gli ebrei voluta dalla Conferenza Episcopale Italiana

Anche la Diocesi di Massa volle aderire all'iniziativa e Mons. Giorgetti invitò dapprima il Rabbino Capo di Firenze che non poté tuttavia accettare: "*La ringrazio per il Suo invito, ma mi trovo costretto a rifiutare in quanto per mancanza di tempo ho dato la mia disponibilità per quanto riguarda le scuole di Firenze. Sarei, in ogni modo, ben lieto di una Vostra visita nella nostra Sinagoga di Firenze.*

Per ciò che concerne le domande che Lei mi sottopone non è mia consuetudine rispondere per iscritto a quesiti tanto importanti e vasti, la cui risposta richiederebbe una lunga riflessione che sarebbe opportuno

fare attraverso un dialogo diretto che sarei lieto di avere con Lei; se ne presenterà l'occasione..."[48]

L'invito fu dunque girato alla Comunità ebraica di Livorno che inviò il Vicerabbino Leona Chaìm.

Mons. Giorgetti chiese di trattare l'argomento: "La Teologia ebraica oggi" inviando una serie di domande alle quali veniva chiesto di dare risposta attenendosi ad esse in modo preciso.

- *Quali sono i punti fondamentali della religione ebraica che ogni vero ebreo è tenuto a credere e osservare?*
- *Quali sono gli atteggiamenti degli Ebrei oggi di fronte alla loro tradizione religiosa?*
- *Qual è l'atteggiamento degli Ebrei osservanti di fronte a coloro che non praticano?*
- *C'è un credo per gli Ebrei, come esiste nella Chiesa Cattolica?*
- *Le nuove generazioni ebraiche seguono e pensano come le precedenti?*
- *L'Ebraismo è una cultura? Una religione? Una pratica di vita?*
- *Cosa si pensa oggi circa il Messia?*
- *Si ammette l'immortalità dell'anima e l'esistenza dell'aldilà?*
- *Quali sono i rapporti tra gli Ebrei della diaspora e gli Ebrei dello Stato di Israele?*
- *Si ritiene l'Antico Testamento Parola di Dio e i libri in esso contenuti hanno, per gli Ebrei, tutti la stessa importanza?*
- *La morale ebraica è ancora fondata sui dieci Comandamenti? E questi rappresentano ancora regola di vita per gli Ebrei?*

---

[48] Lettera del Rabbino Capo di Firenze Umberto Shunnach a Mons. Corrado Giorgetti, purtroppo senza data.

- *C'è nella religione ebraica un'autorità superiore in grado di dirimere eventuali contrasti che potrebbero sorgere in ordine alla interpretazione della Bibbia?*
- *Gli Ebrei sono accusati di avere in mano le ricchezze del mondo. È vero? Cosa si pensa dei beni terreni?*
- *È esatta la distinzione degli Ebrei praticanti di ortodossi, conservatori, riformati o liberali?*
- *È vero che per gli Ebrei non è importante credere ma vivere secondo la legge?*
- *È vero che gli Esegeti ebraici non tengono conto dei generi letterari, mentre curano molto la critica testuale riguardante i libri dell'Antico Testamento?*

Le domande sono molto interessanti in quanto tradiscono un'ingenua inesperienza di relazioni con l'ebraismo e una formazione evidentemente unilaterale dell'anziano prete che pone le domande come se dovesse lui tenere la conferenza esponendo quelle che sono le sue conoscenze apprese in modo episodico e rilette con categorie teologiche e culturali cattoliche.

L'incontro fu disastroso. Fu proposta una preghiera iniziale utilizzando un testo "comune" senza pensare che se anche fosse stato un salmo non sarebbe stato possibile né opportuno recitarlo insieme con un ebreo in lingua italiana. Purtroppo il testo era la preghiera dei tre fanciulli della fornace tratta dal libro di Daniele con in conclusione la dossologia trinitaria come in uso nella Liturgia delle Ore della chiesa Cattolica. Il Rabbino sorvolò sul fatto, restando in silenzio. Sorvolò poi le domande alle quali avrebbe, nell'idea dell'organizzatore, dovuto rispondere con precisione e si concentrò totalmente sulla polemica tristemente massese del culto a San Domenichino e del retroscena anti ebraico della narrazione del suo martirio. L'incontro, al quale tra l'altro partecipò un buon numero di fedeli cattolici, si concluse nel malumore generale.

Appresi così di questa questione che fino ad allora mi era del tutto ignota e che, invece, risaliva al 1970 quando Tullia Zevi raccontava come ad un suo amico fosse capitato di udire il parroco di una piccola chiesa di Marina di Massa mentre esaltava il martirio di San Domenichino, un bimbo spagnolo, martirizzato dai "*perversi ebrei*" che lo avevano crocifisso.[49] Aveva così visitato il luogo e reperito un libretto, edito a cura della parrocchia massese con l'imprimatur delle gerarchie ecclesiastiche nel quale si narravano truculenti particolari ad opera degli ebrei di Saragozza i quali, commentava l'autore "nel celebrare la Pasqua usavano bere sangue cristiano, il più puro e innocente possibile".[50]

L'articolo di Tullia Zevi aveva destato profondo scalpore non solo in Italia, ma anche all'estero portando ad una richiesta ufficiale, da parte della Comunità Ebraica di Firenze, di sopprimere il culto del santo.

Nonostante tutto questo nel 1983 fu pubblicato un nuovo libretto sulla vita del Santo[51] che rintuzzò le polemiche.

L'intervento di Chaìm che lasciò addolorati e forse anche indignati i partecipanti alla conferenza che si aspettavano, con vivo desiderio di conoscenza, di sentir parlare di cose più profonde, ottenne dunque che si facesse un passo avanti nelle relazioni tra comunità e nella chiarificazione di argomenti spinosi rimasti in sospeso.

Una lettera apparve sui giornali locali già il 18 gennaio a firma di Mario Cagetti con il titolo: "San Domenichino Martire: infondata l'accusa di antisemitismo" dove l'autore spiegava, in modo non del tutto convincente,

---

[49] T.ZEVI, *Storia di un sacrificio rituale,* in *Shalom*, maggio 1970 n. 5

[50] Il fatto è narrato in: P.LEMMI, *Razzismo e antisemitismo in Toscana. Ritorno a San Domenichino,* in *Firenze Ebraica,* gennaio/aprile 1996 anno 9 nn. 1-2

[51] LAPIS AESARIS, *Fiaba o storia. San Domenichino De Val,* Lucca 1983

le motivazioni per cui l'accusa sarebbe infondata ricordando l'origine del toponimo nel legame con la festa di San Domenico di Turano e soprattutto evidenziando, come è di fatto, che non vi fu mai nell'intento né nell'esperienza concreta del vissuto della parrocchia come anche del premio letterario "San Domenichino" alcun intento o espressione antisemita.
Nell'approfondimento successivo, operato anche su mia sollecitazione, dai competenti Uffici della Curia veniva confermato come non esistesse un culto né un rito liturgico approvato relativamente al Santo in questione mentre veniva data una risposta decisamente negativa alla domanda se fosse opportuna una qualche sua venerazione. Nel 1994 il titolo della Parrocchia veniva modificato anche civilmente scomparendo in modo definitivo il nome di San Domenichino e risultando la chiesa e la comunità affidata alla patrona Santa Teresa di Gesù Bambino.

La questione non risultava del tutto risolta. Tra i miei documenti trovo un promemoria datato ottobre 1998 per gli Uffici della Curia di Massa intitolato "Annotazioni circa la questione *San Domenichino*" dove scrivevo:

> *Non è detto che, a priori, la vita di san Domenichino sia da cancellare dalla memoria.*
> *Che sia stato ucciso da un ebreo non significa di per sé nulla. È però evidente che dietro alla questione "San Domenichino" si cela una realtà complessa di reale pregiudizio fino al punto di far pensare che il racconto stesso sia fazioso (anche nell'ipotesi che i fatti siano realmente accaduti) e che come tale sia stato utilizzato fino a non molti anni fa inducendo una visione non corretta nei confronti dell'ebraismo – per esempio accusando gli ebrei di sacrifici rituali e cose del genere di cui furono accusati anche i cristiani -.*

A motivo di questo la vicenda non è più neutrale. Ci sono vere e proprie colpe nella comunità cattolica di cui noi oggi non siamo responsabili ma delle quali portiamo necessariamente il peso; c'è la necessità di una riconciliazione storica che pone fortemente la domanda di ciò che è lecito –e Domenichino in un certo senso parrebbe anche esserlo- e di ciò che conviene.

Risulta molto importante contestualizzare il problema nell'oggi della vita della Chiesa. Si avvicina il Giubileo, nell'Anno del Padre il Papa ci invita a cercare un sincero dialogo prima di tutto con gli Ebrei e lo stesso Papa offre un esempio di sguardo critico sulla storia, anche della Chiesa, con coraggiosi gesti di riconciliazione e, lì dove opportuno e necessario, di richiesta di perdono.

Ciò che è conveniente fa pendere fortemente la bilancia. Dobbiamo chiederci se i motivi che ci portano a difendere il culto di san Domenichino non contrastino fortemente con quella che oggi è un'urgenza grande e di primaria importanza che richiede gesti concreti e profetici.

Tra le altre cose abbiamo una chiara presa di posizione di Mons. Tommasi datata 23/3/90 che impegna la nostra Chiesa nella sua dignità e responsabilità dinnanzi alla Comunità ebraica e alla Comunità civile tutta. Si sono fatte affermazioni chiare sentita anche la Santa Sede, si sono date disposizioni concrete, si sono presi impegni.

Sembra per alcuni che togliere dai racconti di san Domenichino i riferimenti antisemiti sia stato insufficiente. Troppo fresche sono le ferite, troppo grandi risultano ancora le mancanze di chiarezza da parte di molti.

Tra l'altro le disposizioni date dal Vescovo –ancora valevoli- non sono state rispettate.
In data 15 maggio 1997 ho ricevuto un certificato dalla Parrocchia in questione e i sigilli non solo riportavano la dicitura "San Domenichino", ma neppure si curavano di rammentare la compatrona che dovrebbe o avrebbe dovuto subentrare: Santa Teresa di Gesù Bambino.
Oggi sono stato in sopralluogo alla chiesa parrocchiale. I cartelli sulla strada con l'orario delle SS.Messe riportano la dicitura esclusiva di San Domenichino, così nei fogli affissi alla porta relativi ai francescani. In chiesa si trovano solo santini di san Domenichino (benché senza il minimo riferimento al popolo ebraico) e la sua statua –questa volta sì, ma è troppo poco- affiancata a quella di Santa Teresa.
Non si può pensare che con il tempo il caso si metta a tacere da sé. In una riunione della Curia lo ricordai già cinque anni fa Necessitano posizioni chiare dando priorità a ciò che è più importante: il dialogo, la disponibilità, la cucitura di fratture purtroppo ancora grandi e sanguinolente con il popolo ebraico anche se non tutte unilateralmente di responsabilità cattolica. Ma a noi spetta fare i nostri passi secondo gli insegnamenti del Vangelo e del magistero. Anche in maniera unilaterale!

Debbo confessare che, nonostante queste parole, non avevo chiara la portata del problema e non ne coglievo appieno la gravità mentre oggi mi pare più chiaro quanto le divisioni, i pregiudizi e le fratture a volte sfociate nella violenza e nella mancanza di rispetto dell'altro, si nutrano della menzogna, si avvalgano della strumentalizzazione, si costruiscano sopra la distorsione delle notizie. Può accadere che migliaia di persone in buona fede siano indotte in atteggiamenti ostili e senza loro -diretta- colpa sbaglino strada e in questa perseverino.

Io stesso pensavo che se non c'erano risvolti di esplicito antisemitismo a Marina di Massa questo fosse sufficiente a soprassedere se non per accontentare la comunità ebraica e la sua giustificata (e particolare) sensibilità all'argomento.

Oggi la penso diversamente e credo che sia necessario non solo porre attenzione alla verità storica ma prima ancora e soprattutto al linguaggio che questa produce e alle sue narrazioni. È lì che si annidano quei modi di pensare sessisti, razzisti, intolleranti che a volte, con una semplice parola, riescono a ferire e ad uccidere.

Dialogo con i musulmani

> *La Chiesa guarda anche con stima i musulmani che adorano l'unico Dio, vivente e sussistente, misericordioso e onnipotente, creatore del cielo e della terra, che ha parlato agli uomini. Essi cercano di sottomettersi con tutto il cuore ai decreti di Dio anche nascosti, come vi si è sottomesso anche Abramo, a cui la fede islamica volentieri si riferisce. Benché essi non riconoscano Gesù come Dio, lo venerano tuttavia come profeta; onorano la sua madre vergine, Maria, e talvolta pure la invocano con devozione. Inoltre attendono il giorno del giudizio, quando Dio retribuirà tutti gli uomini risuscitati. Così pure hanno in stima la vita morale e rendono culto a Dio, soprattutto con la preghiera, le elemosine e il digiuno.*
>
> *Se, nel corso dei secoli, non pochi dissensi e inimicizie sono sorte tra cristiani e musulmani, il sacro Concilio esorta tutti a dimenticare il passato e a esercitare sinceramente la mutua comprensione, nonché a difendere e promuovere insieme per tutti gli uomini la giustizia sociale, i valori morali, la pace e la libertà. (NA 3)*

Quando collaborando con Mons. Giorgetti negli anni '80 si pensava, perché era giusto farlo come formazione del nostro popolo e cammino di crescita della nostra Chiesa, al dialogo con l'Islam dovevamo accontentarci di riflettere sui documenti del Concilio. Via via tentammo di invitare qualche esperto ma nelle zone limitrofe non trovammo nessuno; tentammo con dei contatti a Roma senza ottenere risultati. Non che non ci fossero musulmani sul territorio, ma erano singoli immigrati che non conoscevamo, non ci risultavano organizzazioni, non c'erano luoghi di preghiera o "capi" religiosi a cui rivolgersi.

Le cose tuttavia cambiarono in fretta sia per i mutamenti sociali, sia per la collaborazione tra il nostro ufficio e quello della pastorale dei migranti guidato da molti anni dalla Signora Ivonne Tonarelli.[52]

Da questa collaborazione nacque l'opportunità, ed anche l'esigenza, di un incontro di preghiera a cui parteciparono esponenti di diverse religioni, non invitando esperti da fuori o personaggi con ruoli apicali ma incontrando quanti vivevano la loro esperienza di fede sul nostro territorio, al nostro fianco ma a noi sconosciuti.

Sabato 11 novembre 1995 fu il primo vero incontro di preghiera interreligioso; erano presenti una stragrande maggioranza di cattolici ma anche alcuni musulmani rappresentati dal Sig. Hicham Koudsi[53] che ha guidato la riflessione su alcuni passi del corano e la preghiera accompagnata dal canto dei suoi bambini; inoltre due giovani ortodosse russe hanno unito la loro preghiera di pace e la riflessione su un brano dal libro di Giuditta.

---

[52] IVONNE TONARELLI, (Massa 1949). Dal 1987 responsabile per la pastorale dei lunaparchisti e circensi poi, dal 1990, Direttore dell'Ufficio per la pastorale dei migranti fino ad oggi.

[53] Dr. HICHAM KOUDSI, (Aleppo – Siria 1956). Immigrato a Carrara verso la fine degli anni '80 è stato con la sua famiglia uno dei protagonisti dei primi incontri tra cristiani e musulmani sul nostro territorio.

"Donna costruttrice di pace" era il tema della Giornata Nazionale delle Migrazioni che diede l'occasione per questo incontro di preghiera tenutosi presso la sala di rappresentanza del Comune di Carrara.

Si è trattato di una preghiera semplice, ma insieme commovente; prima di iniziare sono stati ricordati gli uomini costruttori di pace, provenienti dalle diverse culture e religioni. Al termine della Preghiera, guidata, per la Chiesa Cattolica dal Vescovo Mons. Bruno Tommasi delegato della Toscana per le Migrazioni e dal nostro Vescovo Mons. Eugenio Binini, nel giardino antistante al Teatro Animosi è stato piantato un albero d'ulivo[54], segno di pace e di vita posto come memoria per il futuro; ricordo di un primo incontro interreligioso, ma soprattutto del monito per la pace lanciato a tutti coloro che credono in Dio: "Dio non vuole la guerra; le religioni non vogliono la guerra!". Non possiamo pregare con le stesse parole perché la diversità di religione ce lo impedisce; possiamo però lavorare insieme e quindi pregare Dio in pace tra noi per chiedere la pace per tutti.

Una delle caratteristiche della relazione con la comunità islamica sul territorio è stata la presenza nelle loro famiglie di molti giovani, ragazzi e bambini che ha reso possibile un tipo di incontro di base molto efficace e – credo- fruttuoso, non solo perché i più giovani già sono abituati ad incontrarsi nella scuola e, se immigrati, acquisiscono una capacità di comunicazione e conoscenza della lingua migliore rispetto a chi è immigrato in età adulta; i giovani ci hanno dimostrato di essere maggiormente capaci e desiderosi di reciproca conoscenza e pacifica convivenza.

Ovviamente nel tempo sarà necessario verificare se e quanto questo non sia, soprattutto da parte cattolica, fonte e frutto di una maggiore

[54] Purtroppo l'ulivo in seguito è stato rimosso.

superficialità relativamente ai contenuti teologici, etici e tradizionali dell'esperienza religiosa; questo infatti potrebbe rendere meno efficace il dialogo nel lungo periodo.
Ad oggi non posso che ricordare con grande gioia e gratitudine gli incontri tra i ragazzi delle famiglie musulmane e i nostri ragazzi, soprattutto dell'ACR[55], nei vari momenti di riflessione sulla pace o in occasione della giornata delle migrazioni.
Solo a titolo di esempio ricordo l'incontro interreligioso tenutosi a Carrara sabato 15 febbraio 2003 al termine del pomeriggio con il quale i ragazzi dell'ACR concludevano il cammino del "mese della pace".
Vi fu un forte riferimento al messaggio e ai contenuti dell'incontro per la pace tenutosi l'anno precedente ad Assisi il 24 di gennaio. I presenti espressero pubblicamente il loro comune impegno al servizio della pace e al superamento di ciò che la ostacola affermando, grandi e piccini, con forza le parole che ad Assisi, proprio il Papa, pronuncio a conclusione della cerimonia: "Mai più violenza! mai più guerra! mai più terrorismo! In nome di Dio ogni religione porti sulla terra Giustizia e Pace, Perdono e Vita, Amore!"
È da ricordare che cattolici e musulmani partecipammo insieme, dalla nostra provincia, all'incontro di Assisi viaggiando con lo stesso bus in una straordinaria giornata di fraternità. Giunti ad Assisi ci rendemmo conto che la nostra esperienza era davvero unica.
Credo che per il dialogo con l'Islam la nostra terra sia stata particolarmente benedetta dal Signore e quindi chiamata ad una importante responsabilità; non abbiamo avuto disguidi e problematiche degne di nota, abbiamo lavorato e lottato insieme per molti progetti condividendo momenti di gioia e di dolore, ritrovandoci insieme per le grandi occasioni ma non

[55] ACR: Azione Cattolica Ragazzi

trascurando quelle piccole del cenare insieme, condividere cibi e giorni di festa.
D'altra parte il nostro piccolo territorio ha avuto la presenza del Dr.Youssef Sbai[56] che ha ricoperto ruoli nazionali nell'ambito dell'Islam, dei rapporti con lo Stato, del dialogo. Più di una volta, inoltre, si sono incontrati qui i giovani musulmani di tutta Italia; una volta hanno invitato anche me al loro incontro chiedendomi di parlare e ascoltano con interesse e rispetto le mie parole.
Credo siano segni importanti anche del fatto che il lavoro fatto insieme nella Diocesi tra Uffici, in particolare ecumenismo/dialogo, migrazioni, caritas come di fatto da noi è stato, può portare frutti positivi.
Questo ha consentito infatti di coinvolgere persone diverse, gruppi etnici diversi dando sempre agli incontri dei contenuti non banali sia dal punto di vista sociale che dal punto di vista teologico e spirituale delle tradizioni religiose. Ha consentito di incontrare i ragazzi delle scuole presentandoci insieme in amicizia e, nelle nostre differenze che mai abbiamo celato, con un messaggio comune.

Anche per il cammino ecumenico questo lavoro è stato importante. Quando ortodossi, cattolici e protestanti ci incontriamo tra noi sottolineiamo che siamo divisi e come tali organizziamo i nostri raduni. Quando partecipiamo ad un incontro interreligioso sentiamo invece di poterci presentare uniti come Cristiani di confessioni diverse uniti dalla stessa fede, dalla Parola del Vangelo, dalla preghiera all'unico Padre che è nei cieli.

---

56 DR. YOUSSEF SBAI, (Rabat -Marocco 1960). Imam della comunità islamica di Carrara, è stato Vice Presidente dell'Unione delle Comunità islamiche in Italia (UCOII).

IV. CONCLUSIONE

> Con la speranza nello Spirito, che sa allontanare da noi gli spettri del passato e le memorie dolorose della separazione; Egli sa concederci lucidità, forza e coraggio per intraprendere i passi necessari, in modo che il nostro impegno sia sempre più autentico.
> E se volessimo chiederci se tutto ciò è possibile, la risposta sarebbe sempre: sì. La stessa risposta udita da Maria di Nazaret, perché nulla è impossibile a Dio.
> Mi tornano alla mente le parole con le quali san Cipriano commenta il Padre Nostro, la preghiera di tutti i cristiani: "Dio non accoglie il sacrificio di chi è in discordia, anzi comanda di ritornare indietro dall'altare e di riconciliarsi prima col fratello. Solo così le nostre preghiere saranno ispirate alla pace e Dio le gradirà. Il sacrificio più grande da offrire a Dio è la nostra pace e la fraterna concordia, è il popolo radunato dall'unità del Padre, del Figlio e dello Spirito Santo.
> All'alba del nuovo millennio, come non sollecitare dal Signore, con rinnovato slancio e più matura consapevolezza, la grazia di predisporci, tutti, a questo sacrificio dell'unità? (UUS 102)

Sono grato per quanto mi è stato concesso di vivere in questi anni, per quanto ho ricevuto e per quanto mi è stato permesso di dare. Sono anche contento di aver passato il testimone dopo venticinque anni di servizio affinché non avesse ad apparire che l'ecumenismo è qualcosa che riguarda me ma non allo stesso modo la mia Chiesa e i miei confratelli. Sono certo che alcuni dei principi narrati in questo breve racconto siano imprescindibili per poter vivere la fede. Per chi teme il sincretismo mi sento di dire che nel nostro mondo scristianizzato nulla più della divisione può impedire l'annuncio del Vangelo e il mantenimento della propria identità, poiché il Vangelo impone l'unità come presupposto voluto dallo stesso Signore e perché ogni identità che diventa contrapposizione si impoverisce nella faziosità. È invece il dialogo a rafforzare l'identità, ad insegnare a parlare di sé stessi, a far cogliere pregi e difetti del nostro essere, evidenziando ciò che della nostra fede è fondamento immutabile e imprescindibile. Ogni dialogo che non permettesse questo sarebbe pericoloso irenismo creando illusioni e, di conseguenza, pericolose delusioni.

Debbo confessare che talvolta questo nei nostri ambienti "ecumenici" l'ho percepito in tutta la sua forza negativa.

Ricordo che tornati dall'Assemblea Ecumenica delle Chiese Europee a Graz scrissi al Direttore di Toscana Oggi perché ero rimasto amareggiato di quanto letto negli articoli del n° 26/1997 innanzitutto per il clima di delusione che traspariva dagli articoli pubblicati:

"Chi ha provato a Graz tristezza e delusione probabilmente era arrivato da illuso e senza conoscere cosa stesse accadendo in campo internazionale e interecclesiale. La mia valutazione su Graz è più positiva perché scopo di Graz non era di risolvere i problemi esistenti - in questo sarebbe un fallimento - né di evitare le situazioni polemiche. Attorno al tavolo della Riconciliazione si sono ascoltate le testimonianze delle Chiese che stanno vivendo un momento difficile in ordine alla riconciliazione e la testimonianza di chi ha invece vissuto esperienze positive di dialogo."

Ma non intendo concludere con un pensiero di amarezza piuttosto con uno sguardo verso l'alto pensando, come nel titolo di una lettera del Cardinale Myroslav Ivan Ljubačivskyj[57], "i muri che ci dividono non sono alti fino al cielo". A tale proposito vorrei riproporre le parole pronunciate nella prima omelia tenuta presso il tempio metodista di Carrara in occasione della Settimana di preghiera del 1999 e precisamente il 23 gennaio.

---

[57] CARD. MYROSLAV IVAN LJUBAčIVSKYJ, (Dolyna 1914- Leopoli 2000). Nominato nel 1984 Arcivescovo Maggiore degli Ucraini greco-cattolici come successore del Card. Josyp Ivanovyč Slipyj di cui era ausiliare, fu creato cardinale nel 1985.

Il brano che abbiamo appena ascoltato si apre con una visione cosmica, subito positiva: si vedono cose nuove mentre altre sono scomparse o non esistono più. L'accento è su ciò che è nuovo in continuità con l'antico...Si tratta sempre di cielo e di terra. Il vecchio è scomparso, ma siamo ancora dinnanzi a terra e cielo, le due realtà che Dio ha pensato per l'uomo. Solo il mare è definitivamente scomparso. Dico definitivamente...Perché già Dio lo aveva affrontato e vinto. Lo ha aperto per permettere l'esodo, ma poi il mare è rimasto a rendere difficile il cammino dell'uomo. Gesù vi ha camminato sopra, ma diverse volte l'Apostolo vi ha fatto naufragio.

Ciò che accade ora è il compimento definitivo di ciò che già avevamo ricevuto, di ciò che oggi abbiamo e pregustiamo, ma come in esilio, lontano dal Signore. Il mare, simbolo del male e ostacolo all'esodo dell'uomo verso la terra promessa, non c'è più.

Non solo, poi abbiamo una realtà che si manifesta nella sua pienezza, ma anche un ampliamento dei contenuti del passato.

Già i profeti parlano di Dio come colui che sta in mezzo al suo popolo. Qui però lo sguardo è rivolto a tutta l'umanità...Ecco la dimora di Dio con gli uomini, con tutti gli uomini, non con il solo popolo di Israele. Per tutta l'umanità Egli tergerà ogni lacrima; non vi sarà più la morte, né lutto, né lamento, né affanno perché le cose di prima sono passate.

E ancora qui abbiamo un allargarsi dell'orizzonte. Paolo in 2 Cor 5, 17 parla di novità: "Se uno è in Cristo, è una creatura nuova; le cose vecchie sono passate ecco ne sono venute di nuove", ma si riferisce all'esistenza personale; Giovanni invece allarga la novità al cosmo intero e alla creazione tutta. Ecco, io faccio nuove tutte le cose, dice Dio.

Siamo dinnanzi ad una novità assoluta in continuità con quanto già è stato dato a noi e da noi ricevuto. Questo sguardo ci permette di innalzarci dalla nostra realtà, non per fuggirla, non per ignorare i problemi, le divisioni, gli steccati innalzati dalla storia del nostro peccato e delle nostre cecità, non per alienarci dalla storia, ma per vederne il compimento in Cristo.

Sappiamo già quale sarà l'esito della battaglia tra bene e male – dice l'apocalisse- conosciamo già l'esito del cammino ecumenico: saremo suo popolo ed Egli sarà "Dio con noi". Meglio ancora, mi pare che il testo greco dica "saremo suoi popoli" quasi indicando un'unità molteplice nelle sue forme e nella provenienza dei diversi popoli che compongono il popolo della città celeste.

Nelle chiese ortodosse russe spesso si trova al centro un grande lampadario con dodici lampade e su scritto: ecco la dimora di Dio con gli uomini. Queste lampade che scendono danno davvero l'idea che la dimora non è semplicemente il nostro tempio, ma un dono che scende e scende continuamente dal cielo, irraggiungibile e precedente a noi.

I nostri templi sono così diversi, come diverso è il nostro modo di intendere la Chiesa pur sulla base di una comprensione comune. I templi diversi sono l'immagine visibile delle nostre differenze, talvolta delle nostre divisioni.

A Graz uno dei temi più sentiti dalle chiese dell'est europeo è stato quello dell'esistenza di comunità diverse che si contendono i templi costruiti dai loro padri. Solo un esempio esteriore, ma che fa emergere chi siamo, quanta fatica compiamo a camminare nella comunione, nell'accoglienza, nel perdono per gli errori dei nostri padri.

Potranno un giorno i nostri templi diversi, le nostre diverse tradizioni essere accolte con gioia come un dono di reciproca ricchezza e non come una sfida?

Questo è certo un nostro obbiettivo che racchiude in sé, come un simbolo, tutti gli impegni del cammino ecumenico.

Ma il brano dell'apocalisse ancora una volta guarda oltre: non avremo una molteplicità riconciliata, non l'armonia di chiese diverse, ma l'abolizione di ogni ostacolo che in questa terra abbiamo usato per dividerci. Nella Santa Gerusalemme non ci sarà alcun tempio: suo tempio è l'Agnello.

Non solo il tempio (le nostre chiese) dovrà passare da un edificio chiuso per alcuni ad essere casa di preghiera per tutti; ma non ci sarà proprio più!

Le parole che sto dicendo non portano a concludere l'inutilità del nostro lavoro ecumenico, dei nostri incontri, delle nostre preghiere.

Certamente contengono un invito forte a saper relativizzare le nostre posizioni.

Dio è più grande non solo di ciò che riconosciamo come peccato e desideriamo superare, ma anche di ciò che ci appartiene come patrimonio importantissimo per la nostra fede di comunità diverse. Non va perduto, ma sappiamo che nella Gerusalemme del cielo non ci sarà più: è dunque relativo. La nostra unità nell'adorare Colui che siede sul trono e nel seguire l'Agnello viene prima, senza condizioni.

Certamente e soprattutto contengono, le parole di Ap 21, l'invito alla speranza più libera e assoluta. Ecco, tutto questo è fatto! Questo certo accadrà... A noi l'impegno di fedeltà a quanto il Signore ci ha già manifestato come l'esito del cammino dell'uomo, della Chiesa, delle chiese. Saremo suoi popoli!
Oggi e sempre sia questo il desiderio, la preoccupazione, l'assillo delle nostre chiese e gli uomini vedano, come noi oggi, che già Gerusalemme è discendente dal cielo, che tutti i popoli possano attingere dell'acqua viva, che tutti conoscano la vocazione dell'uomo. "Io sarò loro Dio ed essi saranno miei figli"!

In questi ultimi trent'anni siamo stati guidati e benedetti da Dio; prego e invito a pregare perché questo dono prezioso sia custodito, coltivato e riconosciuto per continuare a portare frutti di fraternità e di pace per la Gloria di Dio al quale sia lode e benedizione nei secoli!
Al mio successore nell'incarico di promuovere e coordinare l'ecumenismo e il dialogo in Diocesi, don Hantony Nnadi, l'augurio di trovare la stessa soddisfazione che è stata concessa a me e di avere sempre la forza necessaria a non voltarsi indietro.

V. PRINCIPALI AVVENIMENTI CRONOLOGIA

1980/1992
delegato: Mons. Corrado Giorgetti

1980/90	Ogni anno conferenze e celebrazioni in Cattedrale con la partecipazione anche degli alunni del Seminario.
1985	Conferenza presso l'auditorium di San Sebastiano di Mons. Giuliano Agresti su "L'attuale situazione del movimento ecumenico".
19 gennaio 89	Conferenza del Padre Stefano Caprio di Russia Cristiana al teatrino dei Fratelli delle Scuole Cristiane a Massa.
1990	Costituzione di una nuova Commissione diocesana. Si cerca di compiere qualche indagine per conoscere la realtà delle chiese presenti sul territorio diocesano. Si tesse qualche relazione con il parroco della chiesa ortodossa greca di Genova, Archim. Eftimios Kouloumbis.
17 gennaio 90	Prima giornata per il dialogo con gli ebrei; conferenza del rabbino Leona Chaìm molto problematica per la questione "San Domenichino".
21 gennaio 91	Liturgia ecumenica in Cattedrale con il vescovo Mons. Tommasi e l'Archim. Eftimios Kouloumbis della chiesa ortodossa greca di Genova.
23 gennaio 91	Conferenza del Padre Tomáš Špidlík[58] "Dall'esperienza di fede della Santa Russia, bagliori di luce per il cammino di unità".

[58] S.Em.R. CARD. TOMAS SPIDLIK, (Boskovice 1919 – Roma 2010). Presbitero della Compagnia di Gesù conseguì il dottorato in Teologia presso il Pontificio Istituto

1993/2017
delegato: don Luca Franceschini

09 novembre 93 Morte dell'Archim. Eftimios Kouloumbis.

13 gennaio 94 Incontro e conferenza del Rabbino Momigliano di Genova.

gennaio 94 - Mostra didattica di icone in Cattedrale a Massa e in Episcopio a Pontremoli in collaborazione con Russia Cristiana.
- Presentazione del nuovo Direttorio per l'applicazione dei principi e delle norme sull'Ecumenismo.

ottobre 94 Mostra di icone in collaborazione con Padre Makarios Geist[59] della chiesa ortodossa russa di Lugano.

17 gennaio 95 Conferenza Prof. Adriano Fabris[60] sul dialogo con gli ebrei.

23 gennaio 95 Conferenza di don Piero Raffaelli[61] su Lutero.

Orientale; grande conoscitore dei Padri orientali e della spiritualità dell'oriente cristiano fu direttore del Pontificio Collegio Nepomuceno. Nel 2003 fu creato Cardinale.

[59] ARCHIM. MAKARIOS GEIST, nato in Germania parroco della chiesa ortodossa greca di Lugano (CH) negli anni '90 del secolo scorso. Oggi vive al Monastero della Vergine Paleokastritsa presso Corfù.

[60] PROF. ADRIANO FABRIS, (Venezia 1958). Ha studiato filosofia alle Università di Pisa (laurea con Vittorio Sainati), Genova (perfezionamento con Alberto Caracciolo), Mannheim (borsa DAAD), Heidelberg e Freiburg.
Attualmente è professore ordinario di Filosofia morale all'Università di Pisa, dove insegna anche Etica della comunicazione e Filosofia delle religioni. Nella stessa Università è Direttore del C.I.Co. (Centro Interdisciplinare di ricerche e di servizi sulla Comunicazione).

[61] DON PIERO RAFFAELLI, (1941-2016). Presbitero dell'Arcidiocesi di Lucca. Nato a Guamo (LU) era emigrato in Germania tornando in Italia dopo i trent'anni per entrare in seminario. Del suo passato in Germania era rimasta la grande conoscenza di Martin Lutero e la capacità di "parlare" con il mondo della Riforma. Non a caso, già durante il periodo a fianco di monsignor Agresti, fu protagonista di un rapporto stretto

06 marzo 95	Prima visita informale del Delegato diocesano alla chiesa metodista di Carrara.
16-19/10/95	Viaggio dei delegati toscani al C.E.C di Ginevra.
novembre 95	Formazione di un gruppo di immigrati ortodossi russi e nuove relazioni con la chiesa ortodossa russa di Firenze.
11 novembre 95	Incontro interreligioso a Carrara con la partecipazione di fedeli cattolici, ortodossi e musulmani. Si tratta della prima esperienza in Diocesi in occasione della giornata mondiale per le migrazioni.
13 novembre 96	Con l'arrivo del nuovo pastore Marco Gisola iniziano reali relazioni ecumeniche tra la chiesa valdese-metodista e la diocesi.
20 novembre 96	Per la prima volta la Diocesi ospita celebrazione ortodossa in una delle sue chiese per un rito esequiale a Marina di Carrara.
08 gennaio 97	Incontro di preparazione alla Settimana con la partecipazione (prima ed ultima) di rappresentanti della Chiesa Evangelica dei Fratelli con sede in Avenza.
19 gennaio 97	Conferenza "La figura di Gesù come è vista dai nostri fratelli ebrei" tenuta da Brunetto Salvarani[62] a Pontremoli.

con la chiesa Valdese. È stato docente di ecumenismo presso lo Studio Teologico Interdiocesano di Camaiore (LU).

62 PROF. BRUNETTO SALVARANI, (Capri 1956). Docente di Teologia della Missione e del Dialogo presso la Facoltà Teologica dell'Emilia Romagna, è esperto di dialogo ecumenico e interreligioso. Membro del comitato editoriale della trasmissione Rai Protestantesimo. Dirige la rivista trimestrale QOL (di cui è anche cofondatore), nata per dare voce alla ricerca biblica, al mondo dell'ecumenismo, al dialogo ebraico-cristiano.

25 gennaio 97	1° celebrazione ecumenica cattolico-metodista nel Duomo di Carrara.
22 febbraio 97	Incontro ecumenico a Carrara con la presenza di Paolo Ricca[63] e Elio Bromuri[64] "Riconciliazione: dono di Dio e sorgente di vita nuova" Cattolici e Protestanti italiani in cammino verso Graz.
22-29/06/97	Partecipazione dei delegati toscani all'Assemblea Europea delle Chiese a GRAZ.
20 luglio 97	In una chiesa (Avenza) ospitiamo il battesimo di bambini ortodossi celebrato dall'Archimandrita Atenagoras Fasiolo[65] dei greci di Livorno; più volte successivamente ospiteremo il parroco della chiesa Ortodossa Russa di Firenze per lo stesso motivo continuando il servizio di mettere in contatto i fedeli ortodossi con i loro pastori.
gennaio 1998	Per la prima volta si celebra una liturgia ecumenica nella chiesa metodista e un prete cattolico tiene lì la predicazione.

---

[63] PASTORE PAOLO RICCA, (Torre Pellice 1936). Pastore Valdese dal 1962 è un teologo italiano docente fino al 2002 di Storia della Chiesa alla Facoltà Valdese di Teologia. Insegna tutt'ora presso il Pontificio Ateneo Sant'Anselmo di Roma. È stato per 15 anni membro della Commissione *Fede e Costituzione* del Consiglio Ecumenico delle Chiese con sede a Ginevra.

[64] MONS. ELIO BROMURI, (1930-2015). Presbitero, giornalista e studioso di ecumenismo è stato coordinatore delle Commissioni per l'ecumenismo e il dialogo interreligioso e per le comunicazioni sociali della Regione ecclesiastica umbra, nonché vicario episcopale per la cultura dell'Archidiocesi di Perugia-Città della Pieve.

[65] PADRE ATHENAGORAS FASIOLO, (Udine 1960). Archimandrita del Trono Ecumenico, appartiene alla Sacra Arcidiocesi Ortodossa d'Italia e Malta. Nato in una famiglia mista italo-greca, dopo gli studi in filologia slava e in lingua e letteratura Russa in Italia, ha completato la sua formazione in teologia e storia della Chiesa in Russia ed in Grecia. Parroco per oltre sedici anni della Chiesa Greca di Livorno, oggi è Rettore del Monastero di Santa Barbara in Veneto (Sarmede-Treviso). Stretto collaboratore del Patriarca Ecumenico Bartolomeo, è anche traduttore ufficiale dei documenti patriarcali in lingua italiana. Ha pubblicato nel 2016 la traduzione in italiano di tutti i documenti del Concilio di Creta, oltre a numerosi testi liturgici bizantini.

28 febbraio 98	Incontro su "Il lungo cammino della Libertà: Ebrei e Protestanti dal risorgimento alla Repubblica" con Bruno Di Porto[66] e Daniele Garrone[67].
1998	Riflessione con la chiesa ortodossa sulla cura dei fedeli orientali residenti sul nostro territorio ove manca una parrocchia ortodossa.
3 marzo 99	Religioni a confronto sul "giubileo biblico" con il responsabile della comunità ebraica di La Spezia, Adolfo Croccolo, Don Pietro Pratolongo, il Pastore Giuseppe Platone e il Pastore Hanz Gutierrez.
25 gennaio 2000	Celebrazione con P.Gheorghij Blatinskij alla Covetta – a motivo del giubileo i protestanti non partecipano. Interessante la partecipazione dei giovani tornati da Taizé.
25 febbraio 2000	Incontro con i protestanti su "la dichiarazione comune sulla giustificazione" a Palazzo Ducale con don Pietro Pratolongo e il Prof. Sergio Rostagno[68].
24 novembre 01	Visita a Massa del Patriarca greco-cattolico Gregorio III e conferenza su "L'esperienza della Chiesa Melkita in Terra Santa: ecumenismo e pace".

[66] PROF BRUNO DI PORTO, (Roma 1933). Docente di storia del giornalismo all'Università di Pisa, è stato presidente dell'Associazione Italiana per l'Ebraismo e direttore del periodico "Una finestra ebraica sul mondo".

[67] PASTORE DANIELE GARRONE, (Perosa Argentina 1954). Biblista e pastore valdese è grande conoscitore e studioso dell'Antico Testamento. È stato presidente della Società Biblica in Italia.

[68] PROF. SERGIO ROSTAGNO (Torino 1934) docente emerito di Teologia sistematica presso la Facoltà Valdese di Teologia di Roma. Fa parte del comitato di direzione della rivista «Filosofia e Teologia» (Edizioni Scientifiche Italiane, Napoli) e dell'Associazione Teologica Italiana. Suo interesse prevalente è il rapporto tra dogmatica ed etica.

25 novembre 01	Don Luca Franceschini insignito del titolo di Archimandrita da S.B. Gregorio III. Benedizione nella chiesa cattedrale di una cappella per il rito orientale.
2002	Lavoro comune e incontri sulla Charta Ecumenica con la nuova pastora: Caterina Dupré.
2002/03	Incontri nelle parrocchie su “Chiese unite per la pace”.
gennaio 2003	Mostra di stampe russe nel chiostro della Cattedrale: “la Bibbia dei poveri” di Vasilij Koren’.
15 febbraio 03	Cristiani e musulmani si impegnano per la pace.
2003	Il parroco ortodosso romeno di Genova, Padre Filip Sorin inizia a celebrare per gli ortodossi nella chiesa di San Giovanni Decollato a Massa.
2004	Nuova pastora per la chiesa Metodista: Letizia Tomassone.
31 agosto 04	Celebrazione del *Moleben* in onore della Madre di Dio nella chiesa di Casola in Lunigiana per i bambini bielorussi.
2004/05	Incontri su “le religioni a confronto sul lutto e la donazione degli organi”. Incontri interreligiosi organizzati dalla ASL per la formazione degli infermieri. Per la prima volta collaboriamo con i Testimoni di Geova.
dicembre 2004	La diocesi ospita il vescovo della Chiesa Ortodossa Romena Mons. Siluan che stabilisce la sua sede a Gavedo (Mulazzo).

gennaio 2005	Per la prima volta incontro di preghiera tra cattolici – metodisti e ortodossi.
28 ottobre 05	Giornata ecumenica di dialogo cristiano-islamico *“Vincere la paura di costruire la pace”*.
novembre 2005	Viaggio del Delegato diocesano in Bielorussia per la collaborazione con la locale chiesa greco-cattolica e l’Archimandrita Sergiusz.
16 gennaio 06	Incontro interreligioso in sala comunale a Massa – viene piantato un ulivo in segno di pace.
19 giugno 06	Il Delegato diocesano con Letizia Tomassone, l’Imam Youssef Sbai, Padre Michele della chiesa ortodossa e un fedele della comunità ebraica, realizzano una tavola rotonda su “fede e salvaguardia del creato” per il decennale dell’alluvione a Cardoso.
novembre 2006	Viaggio del Delegato diocesano in Ukraina presso l’eparchia di Uzgorod-Mukachevo per la collaborazione con la locale chiesa greco-cattolica guidata dal Vescovo Milan.
4 ottobre 07	Il Delegato diocesano è insignito dell’annuale premio per il dialogo del “*Centro internazionale francescano per il dialogo tra i popoli*” per il suo impegno nel dialogo con la chiesa ortodossa.
21 ottobre 08	La diocesi partecipa con un folto gruppo di ragazzi all’incontro interreligioso regionale “insieme la vita è più bella” preparato con diversi momenti di fraternità in diocesi tra ragazzi cristiani e musulmani.
22 maggio 08	Incontro interreligioso in comune a Massa con rappresentanti donne di diverse religiose, realizzato in

collaborazione tra la Provincia e l'ufficio ecumenico in occasione del primo Festival "Sotto-Sopra".

22 gennaio 09 Conferenza del Pastore Paolo Ricca in Seminario a Massa "Paolo, Apostolo ecumenico".

25 gennaio 10 Erezione della Parrocchia Ortodossa Rumena di San Giovanni Crisostomo con sede nella chiesa dei Suffragio a Carrara. Primo Parroco: Padre Armand Bratu.

16 maggio 10 "Parole e suoni dal mondo ebraico" – chiesa di San Martino al Ponte in Massa.

6 febbraio 11 Incontro cristiano-islamico a Palazzo Ducale – Massa.

21 gennaio 14 "L'icona della Croce" – incontro con Padre Armand Bratu
Presso la chiesa della Madonna del Monte a Massa.

22 gennaio 14 "Per amore del mondo Croce e non violenza"
Letizia Tomassone e don Pietro Pratolongo – Pontremoli.

Settembre 2014 Nuovo pastore della chiesa evangelica metodista:
Christian Gysin[69].

01 febbraio 15 Prima marcia interreligiosa della pace a Massa.

Settembre 2015 Nuovo pastore della chiesa evangelica metodista:
Jean-Felix Kamba Nzolo[70].

---

[69] PASTORE CHRISTIAN GYSIN (Basilea 1944) ha studiato teologia presso l'università di Basilea. È stato pastore di Carrara e La Spezia negli anni 2014-2015

[70] PASTORE JEAN-FELIX KAMBA NZOLO (Repubblica Democratica del Congo 1967). Vive in Italia dal 1987. Consacrato pastore della Chiesa valdese durante il Sinodo dell'anno 2001 ha svolto il suo servizio chiese valdo-metodista di Venezia, Mestre e Conegliano Veneto, valdesi di Foggia e Orsara di Puglia e metodiste di Verbania, Omegna, Luino, Carrara e La Spezia. Dal 2018 è pastore alla chiesa valdese di Torino. Massimo Marottoli è il nuovo pastore di Carrara.

11 dicembre 15	Il Vescovo visita la moschea di Via del Bargello a Massa incontrando i rappresentanti della comunità islamica.
24 giugno 16	Erezione della Parrocchia Ortodossa della Risurrezione a Massa con sede (non esclusiva) nella chiesa dei Servi. Primo Parroco Padre George Marian poco dopo sostituito da Padre Dragos Pavel.
11 settembre 16	Giornata del creato – celebrazione ecumenica a Ortonovo.

ABBREVIAZIONI

UR	*Unitatis Redintegratio*, Decreto del Concilio Vaticano II sull'ecumenismo
OE	*Orientalium Ecclesiarum,* Decreto del Concilio Vaticano II sulle chiese cattoliche orientali
NA	*Nostra Aetate,* Dichiarazione del Concilio Vaticano II sulle relazioni della Chiesa con le religioni non cristiane
DH	*Dignitatis Humanae,* Dichiarazione del Concilio Vaticano II sulla libertà religiosa
UUS	*Ut Unum Sint,* Lettera Enciclica di Giovanni Paolo II del 25 maggio 1995
OL	*Orientale Lumen,* Lettera Apostolica di Giovanni Paolo II del 2 maggio 1995
ChO	*Charta Oecumenica,* Documento sottoscritto tra Conferenza delle Chiese d'Europa (KEK) e Consiglio delle Conferenze Episcopali d'Europa (Ccee), Strasburgo 22 aprile 2001
VA	*Toscana Oggi – Vita Apuana,* settimanale della Diocesi di Apuania e successivamente Massa Carrara – Pontremoli

BIBLIOGRAFIA

L.TOMASSONE – F.VOUGA, *Per amore del mondo. La teologia della croce e la violenza ingiustificabile,* Ed. Claudiana 2013

Protestanti nelle Apuane. A cura della Chiesa Metodista di Carrara. La spezia 2014

L.FRANCESCHINI, *Il primato di Pietro tra chiesa latina e chiese orientali. Riflessione ecclesiologica sull'"unione" delle chiese dopo l'abolizione del titolo papale di "Patriarca di Occidente"*, Ed. Sant'Antonio, 2018

Dello stesso autore:

Cristianesimo, Chiesa Cattolica.
In: *La religione nella nascita, nella malattia e nella morte,*
a cura di Roberta Palagi, Massa, Società Editrice Apuana, 2005 (pp. 49-63)

Matrimoni e separazioni a Massa Carrara nel XIX secolo. Il declino dell'intervento ecclesiastico sui conflitti coniugali tra restaurazione e unità d'Italia,
Ed. Sant'Antonio 2018

Le Biblioteche Ecclesiastiche. In: *Archivi e Biblioteche ecclesiastiche nel terzo millennio; dalla tradizione conservativa all'innovazione dei servizi.*
A cura dell'Ufficio Nazionale Beni Culturali Ecclesiastici, Roma 2012 (pp. 65-72)

Matrimonio e famiglia. Proposte e difficoltà della riflessione cattolica.
In: AA.VV. *Amore instabilità violenza. Famiglie ieri ed oggi.*
Ed. Regione Toscana, Firenze 2015 (pp. 103-107)

Printed by Books on Demand GmbH, Norderstedt / Germany